伊藤惇夫
消えた「風圧」
絶滅危惧政治家図鑑
光文社

はじめに

永田町には、どんな魑魅魍魎《ちみもうりょう》が跋扈《ばっこ》しているのだろう。そんなちょっとした「野次馬根性」で踏み込んだ政治の世界、5～6年もしたら〝社会復帰〟（？）するつもりが、気づけば約30年もそこで生息し、その後も周辺居住者として政治を語っている。

これだけ長居すると、当然、いろいろな政治家たちと出会い、すれ違い、眺めることになる。味方、同志もいたし、敵もいた。味方だった人間が敵になり、敵だった人間と手を組むこともあった。哲人、求道《ぐどう》者、紳士がいる一方で、キツネやタヌキ、猛獣もいた。コウモリ、鵺《ぬえ》、ハイエナ……ついでにいえば化け物も。

そんな様々な「生き物」たちを眺める中で、いつからか「風圧」のあるなしで政治家を評価する癖が身についてしまっていた。敵だろうが、味方だろうが関係なく、「風圧」を感じた政治家には、常に尊敬の念に近いものを感じていた。でも、改めて「風圧」とは何だろうと考えてみると、これはなかなか説明が難しい。

「風圧」を言葉で表現すると、独特の雰囲気、空気感、威圧感、存在感、迫力……といった単語が浮かんでくる。どれも当たっているようで、でも、どこか違う。なんと表現していいのか未だに答えが見つからないままなのがもどかしい。

人間は、得てして過去を美化しがちだ。年を重ねるごとに、悪い出来事や、苦しい思い出より楽しいことや、面白いことばかりが記憶に残り、「昔は良かった」と思う気持ちが積み重なっていく。確かに僕にもその傾向があることは否定しない。それを承知の上で、でも間違いなく、少し前までは、この言葉以外に表現しようのない政治家たちが一部ではあっても確実に存在した。それが全身から迸《ほとばし》り出る人もいれば、ふとした瞬間に感じさせる人もいた。風圧の程度も様々だ。だが、気がつけば、今の永田町には、皆無とは言わないまでも、そうした政治家がほとんど見いだせなくなっている。

僕が政治家たちに感じる風圧は様々だ。冷たいの、熱いの、温かいのもあるし、鋭いものも柔らかいものもある。ただ、彼らに共通して感じるのは、ある種の品格である。その多くは「修羅」の世界をくぐり抜け、あるいは乗り越えてきたものだけが放つ、独特の〝ムード〟を持っている。頂点に立ったものもいれば、そうでないものもいる。でも、よく見れば彼らは間違いなく政治の世界に爪痕、あるいは足跡を残している。彼らのいた永田町は危ない思いをすることも少なくなかったが、ワクワク、ドキドキする場所でもあった。そんな政治家がほとんどいなくなってしまった永田町に、最近、どんどん魅力を失いつつあると感じるのは僕だけだろうか。

今、永田町は「安倍一強」といわれる状況が長く続いている。だが、その〝主役〟である安倍晋三総理に「風圧」を感じる人はまずいないだろう。マスコミが早くから「将来の総理候補」ともてはやしてきた小泉進次郎に関しては、「言わずもがな」である。いつの間にか「彼ら」は、永田町の世界では「希少動物（?）」になってしまった。

なぜ、彼らは風圧を身につけたのだろうか。その背景には何があったのか。逆に、今なぜ風圧が消えつつあるのだろうか。僕自身がそれを知りたくて、この本に取り組んでみた。

ここに取り上げた「風圧政治家」は、僕自身が直接、間接に関わりをもった人たちに限定している。接したことのない政治家は、どれほど資料や証言があっても取り上げるつもりはなかった。「風」は自分で感じてみないと風向も風力も、その質も実感できないと思ったからだ。

政治家の評価は、見る人によって様々。当然、「こいつは違うだろ」「もっと他にいるぞ」といった声が聞こえてくるに違いない。だから、あくまでもここに登場してもらうかどうかの基準は僕自身の勝手な「思い込み」であり、登場してもらった人たちに関しては、できるだけ評価すべき点、長所にスポットライトを当ててみた。とはいえ、僕の中ではどうにも褒められない人たちもいる、というか、こちらのほうがずっと多い。で、そのうちのほんの一部だが、「風圧」ならぬ「逆風圧」とも評すべき人物にも登場いただいた。加えて、風圧の大小と政治家としての実績や絶対評価はまったく関係ない、と言っておく。

消えた「風圧」目次

第二章　弱風圧の政治家たち

第三章　微風圧の政治家たち

第四章　逆風圧の政治家たち

本文デザイン／Malpu Design（佐野佳子）
写真提供／共同通信社

第一章

強風圧の政治家たち

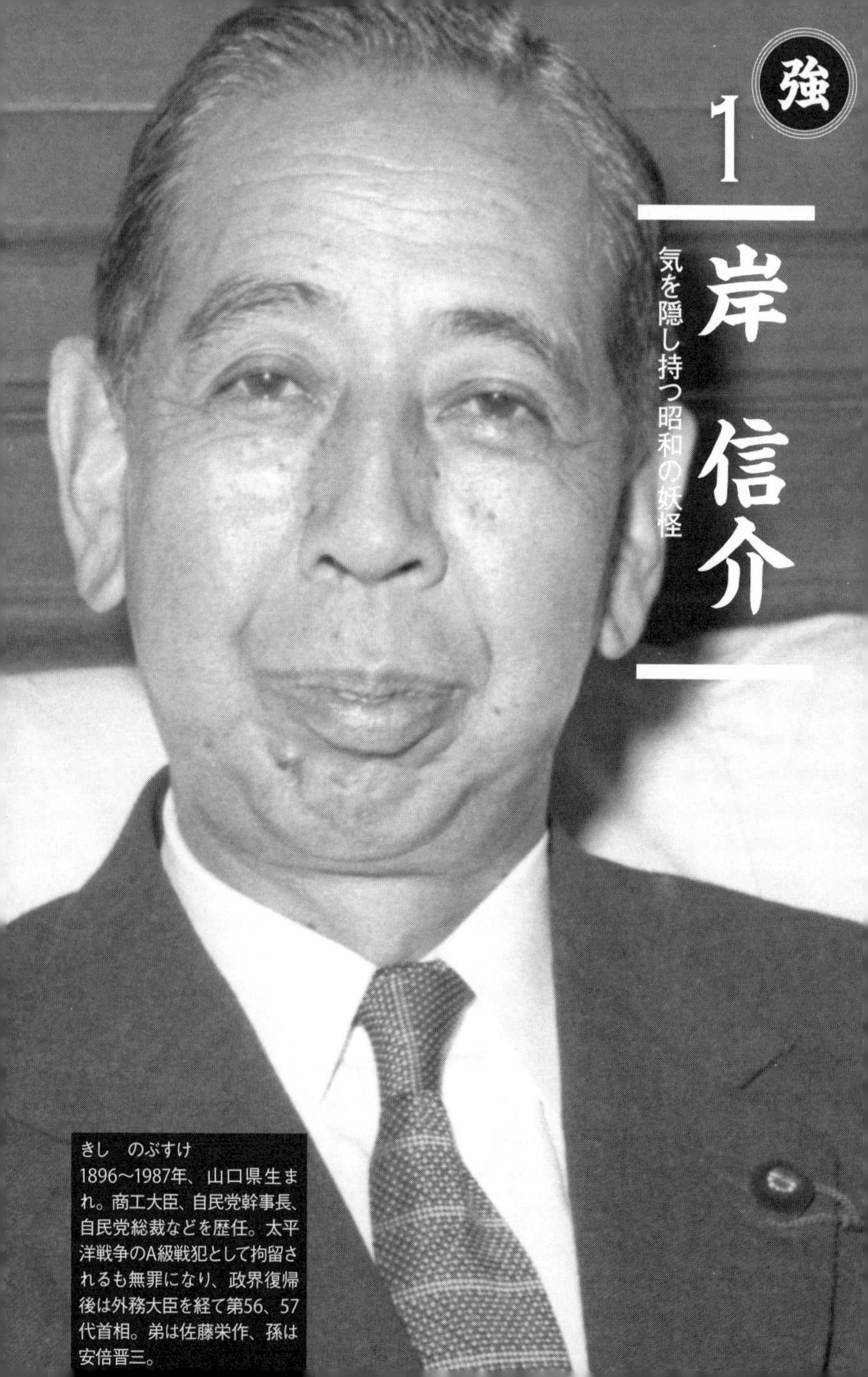

強 1

岸 信介

気を隠し持つ昭和の妖怪

きし　のぶすけ
1896～1987年、山口県生まれ。商工大臣、自民党幹事長、自民党総裁などを歴任。太平洋戦争のA級戦犯として拘留されるも無罪になり、政界復帰後は外務大臣を経て第56、57代首相。弟は佐藤栄作、孫は安倍晋三。

妖怪の風圧

〝妖怪〟のにこやかな笑顔に見送られて、事務所を出てからしばらく歩いた時、ふと自分の左の拳《こぶし》が強く握られたまま固まっていて、自分の意思では開かないことに気づいた。

僕が政治の世界に足を踏み入れてから、もう40年以上になる。一緒に仕事をした人、親しく接した人、何度か会ったくらいの人、接した頻度や密度は様々だったが、思い返してみると多くの政治家と出会い、学び、ともに戦い、敵として対《たい》峙《じ》し、時に（頻繁に？）裏切られたり切り捨てられたりしてきた。

そんな中、僕が記憶している限り、直接話をした最も古い政治家、というか自分の中では歴史上の人物と言ってもいいような政治家をあげるとすれば、やはり岸信介だろう。たった一度の邂逅だったが、その時の岸の表情、部屋の中の空気、自身の抱いた感情などは今も鮮明に蘇《よみがえ》らせることができる。

正確な日時は覚えていないが、確か１９８０年代の初め頃だったから、僕がまだ30代。当時は自民党の機関紙（週刊）『自由新報（現・自由民主）』の記者としては下っ端に過ぎなかった僕は、編集部は小人数で、しかも大した部数も出ていなかったためか、党内でもさほど重要視される存在ではなかった。おかげでかなり緩いというか、わりと自由に動ける環境にあった。そのためかどうか、その頃は自分で企画したコーナーを持っていた。中身は毎週、気になる人物のインタビューを行うという単純、かつ相手さえ見つければ、かなり楽な仕事である。おまけに一面の左肩という場所を確保したため、いかにも仕事している風に見えるし……。

相手はほとんどが自民党の政治家や閣僚だったが、時に民間企業のトップや学者など、党外の人物にも登場してもらっていた。一度などは、なぜか当時、国鉄（現・ＪＲ）の組合の中でも最も戦闘的と言われ、「泣く子も黙る」だの「鬼の動労」などと言われていた動労の松崎明委員長（当時）をインタビューし、公安警察から追い回されたこともある。

そんな日々の中で、ふと思いついたのが「たしか岸はまだ健在だったな。昭和史の、たとえ切れっぱしでもいいから自分の目と耳で聞きだすことはできないか。何とかインタビューが取れないか」という思いだった。かつての自民党総裁だけに、連絡を取るルートはすぐに見つかった。関係者を介し、依頼状と質問要旨を送ると、しばらくして秘書から連絡が。答えは「岸が受けると言っています。○月○日の○時に事務所へおいでください」

一瞬、「やった！」と思ったのもつかの間。「大変な人にインタビューすることになったぞ」という緊張感、というか、ある種の不安が襲ってきたのを覚えている。総理大臣として日米安保の改定を実現した政治家だということは言うまでもないが、なにしろ「昭和の妖怪」であり、A級戦犯（のちに無罪）ということは日本を戦争の道に向かわせ、敗戦に導いた人物の一人だという程度の知識しか持っていなかった。

はっきり言って、僕の中ではあまりいい印象は持っていなかったが、とにかく「怖いもの見たさ」が優先していた気がする。ただ、インタビューをする以上は、それなりの準備をしなければ、という思いから多少の補足的取材・準備はしたものの、印象的にはそれほど変わらないまま、遂にその日はやってきた。

握った拳が語る、静かなる凄み

当時、岸が事務所を構えていたのは、東京・新橋駅にほど近い西新橋交差点角にあった「日石本館」（現在は建て替えられて西新橋スクエアに）。何階だったかはもう覚えていないが、カメラマンと一緒にちょっと歴史を感じさせるエレベータに乗って、指定の階で降り、岸の事務所へ向かう。

なにしろ相手は「昭和の妖怪」だ。緊張で少し息苦しさを感じ、部屋の前で一度深呼吸をしてからドアをノックすると、すぐに秘書がドアを開け、「どうぞ」と言って招き入れてくれた。確か、奥が岸の部屋で、手前が秘書ブース。そこに男女2名の秘書がいたように記憶している。

待つこともなく、我々二人は岸の部屋に通された。かなり広い部屋で、窓際に岸のデスクがあり、手前にはソファとテーブルが。「やあやあ」と言いながら立ち上がった岸は、意外（?）なほど矍鑠《かくしゃく》とした足取りでソファの脇に立つと、「さあどうぞ」と言いながら、僕たちに着席を促した。もちろん礼儀上、僕が座ったのは、岸がソファに身を沈めた後である。

秘書がお茶をテーブルに置いて退室した後、「今日は、お時間をいただき、ありがとうございました。事前に質問項目をご覧いただいているかと思いますが、よろしくお願いします」と切り出すと、岸は「いやいや、何でも聞いてくださいね」と、ニコニコしながら、驚くほど優しい物言いで答える。とにかく「昭和の妖怪」だから、どんな気難しい爺《じい》さんかな、と思っていただけに、なんだか「肩すかし」を食らったような感じがしたことを覚えている。

さて、それからインタビュー開始。残念ながら、中身の詳細はほとんど覚えていない。たぶん、草創期の自民党の状況、日米安全保障条約改定時の反対運動についての思い、今の自民党（当時）に対する評価や、注文などについて質問したはずだ。岸はそれらの質問に対し、笑顔を絶やさず、丁寧に答えてくれた。

その中で、唯一、今もはっきりと覚えているのが、「私はね、何度も死を覚悟したことがあるんだよ」という言葉だ。いい加減なハッタリでこれに類する言葉を口にする人は少なくないが、この時感じたのは、それが〝正真正銘〟だという思いだった。

一見、「とても優しいお爺さん」なのに、この時、何とも言えない迫力を感じたことは、今も忘れない。岸の周辺からは常に、表現しがたいオーラのようなものが発せられている気がして、そのかたちの見えない「何か」に圧倒され続けるなか、30分ほどでインタビューは終わった。

その後、これも中身についてはまったく記憶にないのだが、5分ほど雑談をし、席を立った。カメラマンとともに、お礼のあいさつをした上で部屋を出ると、岸も一緒に立ち上がり、わざわざドアのところまで見送りに出てくると、ニコニコしながら一言、「ヒマな時、また遊びに来なさい」

「ありがとうございます」と答えながら、「そんなことできるかい」と胸の中で呟《つぶや》いたことを覚えている。

ドアが閉まり、緊張感から解放された思いで、エレベータホールに向かって歩き始めた時、どっと疲れが出た。と同時に、妙な違和感が湧き上がってきた。別にどこかが痛むわけでもない。でも、体のどこかがおかしい。ふと、自分の左手に目をやった時、「あれ?」と思った。なぜか左の拳が硬く握られたままだったのだ。まるで催眠術にかかったかのように、手を開こうとしてもなかなか開かない。仕方がないので、右手で無理やり、といった感じで左の拳をこじ開けた。と、開いたその左の掌は、汗でぐっしょりと濡れている。

いつから左の拳が閉じられたのか、自分ではまったく記憶がない。インタビュー中はメモを左手に持っていたから、その時は普通に開いていたはずだ。とすれば、インタビュー後、雑談も終わった後ということになる。なんでそうなったのかは今も謎のままだ。

それまでにも、多くの政治家に対してインタビューをしてきている。その中にはかなりの「大物」も含まれていた。ただ、岸は僕にとって「別格」だった。僕自身が若かったこと、戦前からの岸の禍々しいまでの経歴、「妖怪」のイメージなどが、過度の「怯《おび》え」に繋がったのではないかと思ったこともある。だが、おそらくそうではない。たった一度しか会っていないのに、今も断片的ながら、はっきりと「あの日」のことを覚えているのが何よりの証拠だろう。

僕の左手に起きた現象は間違いなく、岸の存在がもたらしたものだろうし、岸と接していた時に感じていた、なんとも表現しがたい圧力のようなものが引き起こした現象だったとしか考えられない。

強

2 福田赳夫

テレビ映りで損をした英国風紳士

ふくだ　たけお
1905〜95年、群馬県生まれ。大蔵大臣、外務大臣を経て第67代首相就任。総理退任後は「昭和の黄門様」を自任し、世直し改革に尽力した。長男の康夫は第91代首相。

「梅干しジジイ」との初対面

「この人はテレビ映りで損をしているな」

初めて会った時、直感的にそう思った。

最初に福田赳夫《たけお》と会ったのは、「角福《かくふく》戦争」と呼ばれた「ポスト佐藤」をめぐる自民党総裁選の数か月前だったから、１９７２年の春頃だったはずだ。場所は東京・赤坂のプリンスホテル旧館にあった福田派の派閥事務所兼個人事務所である。

その頃の僕は、まだ大学を出たばかり。銀座にあった社員10数人という小さな出版社の月刊誌編集部に勤めていた。たまたまその出版社の社長が昔から福田赳夫と懇意にしていた関係で、時々面会に行っているようだということは知っていた。ある日、どういう風の吹きまわしか、その社長が新入社員の僕に、「君、今日はこれから福田さんに会いに行くからついてこい」と言い、何もわからないまま、福田事務所を訪れることになった。

それまで、政治の世界とはほとんど無縁だったが、佐藤栄作の退陣が確定的になったことを受け、福田赳夫と田中角栄が争っていること、報道では福田が本命で田中が対抗と言われていることぐらいの知識はあった。これから「次期総理」に直接会えるんだ、そんな思いから、赤坂プリンスが近づくにつれて緊張感が増していったのを覚えている。

当時の「一般庶民」からすれば、総理の座に最も近い政治家となれば、近寄りがたい存在であり、一種、独特の雰囲気を身にまとっている人物、普通の人間とは違った人種だと思い込んでも不思議はない。今ほど政治家が頻繁にテレビ等に顔を出すことはなかったし、まして、ワイドショーやバラエティー番組に出て、素顔やプライベートをさらけ出すなどということはほとんどなかった。テレビで見る政治家といえば、ニュース番組で流れる映像かインタビューに応える姿か、演説する様子くらいのもの。ようやく、この「角」対「福」の対決がテレビでさかんに報じられるようになっていた頃である。

だから、この時はまさに「怖いもの見たさ」気分だった。と同時に、テレビを通じて知っていた福田に対しては、一定の〝先入観〟を持っていたことも事実である。

社長とともに福田の部屋に通されると、「やあ、やあ」とにこやかに話しかけながら、福田が歩み寄ってきて、社長に握手を求めてきた。「ホーホー、老、元気かね」と福田。我が社長は福田よりほんの2〜3歳上だったはずなのに、福田がさかんに「老」と呼びかけるのが、なんだかおかしくて仕方がなかった。それより何より驚いたのは、テレビで見た福田と〝実物〟の福田のイメージが大きく違っていたことである。

　僕がテレビを通じて抱いていた田中、福田両者の印象は、まず田中はちょび髭を生やしていて、ちょっと怪しげではあるが、大柄で若々しく、エネルギッシュで明るい人物。一方の福田は田中に比べると、かなり年よりで、痩せていて小柄、顔ははっきりいって「梅干しジジイ」という印象である。ところが、出てきた福田は、テレビで見る感じとはまったく違っていた。

　まず、思っていた以上に身長が高いし。背筋をしゃんとのばして歩み寄ってくる時の動きも溌剌としている。着ているスーツを見ると、当時の僕にでもわかるくらい高級な生地と仕立てで、それをビシッと着こなしている。一言で言うと英国風紳士である。顔つきもテレビで見るのとは違って若々しい。

「あれ、こんなかっこいい人だったのか」

　これが僕の第一印象だった。同時に思ったのは、「この人はテレビ映りでだいぶ損をしているな」という思い。

角福戦争以前の自民党総裁選は、あくまでも自民党内の、あるいは「永田町関係者内」の戦いだった。一般の国民は外野席どころか、「球場」の外を遠巻きにして、中からあがる歓声や漏れてくる場内アナウンスを、聞くともなく聞いているような状態だった。だが、角福戦争はそうしたムードを一変させ、一般の人たちからも高い関心を集めた。連日、テレビ等で報じられることによって、本来は自民党内の争いだったのに、国民的行事へと変化していった。

特にテレビが、高等小学校卒（その後、専門学校を出たが）で、自らの腕一本でのし上がってきた〝庶民派〟の田中という人物と、東京帝国大学（現・東大）卒で大蔵官僚出身という超エリートの福田を対比させ、面白おかしく報じたことが大きかった。結果的に、世論は田中に対して好意的な見方が形成されていく。加えて、テレビは「聞くより見る」媒体なだけに、見た目が受け手の印象を大きく左右する。おそらく、多くの国民は僕と同じように、田中は若々しく、エネルギッシュで、一方の福田は田中に比べると高齢で覇気のない人物、といった印象を、テレビを通じて受けたのではないか。

重ねていうが、自民党総裁選はあくまで「内輪」（自民党内）の争いである。それ以前は世間の評価など、ほとんど無関係だった。無論、この田中対福田の戦いも基本的には自民党内の勢力争いであり、「数とり合戦」だ。結果から見れば、田中の多数派工作が成功したからこその結果だったのだろう。だが、角福の争いに一般社会からの関心が高まり、その世論の動向が自民党内に微妙な影響を与えたという側面は否定できないと思っている。

その意味で、福田はテレビ映りがマイナスに作用した最初の政治家だったのかもしれない。

その福田の「愛弟子」である小泉純一郎が、２００１年の自民党総裁選で、当初は「泡沫」並みの扱いを受けながら、田中眞紀子とタッグを組み、一般社会に一大ブームを巻き起こした結果、自民党内もこれに応える形で小泉を当選させたというのも、何かの因縁を感じさせるのではないだろうか。

さて、我が社長と福田が歓談している横で、福田を見つめているうちに、「やっぱり、何かが違う」という感覚にとらわれている自分がいた。表情も語り口も穏やかだったが、とにかく隙がないのである。「一分の隙もない」という言葉が、まさにピッタリと当てはまる人物だな、という思いが湧き上がってきた。それが政治家として強みなのか弱みなのかは判断に苦しむところだが……。時折見せる眼光の鋭さも印象的だった。福田と間近に接したのはこの時限り。だが、今から半世紀近く前なのに、僕の脳裏にこれだけ強い印象を残した人物、それが福田赳夫だった。

福田はこの角福戦争に敗れたあとも、何度か田中と戦い、そして敗れた。だが、両者の確執はそれで終わったわけではない。その後も長く、自民党内に福田派（現・細田派）対田中派（現・竹下派）の対立が尾を引き、それが党内外の政局に影響を与え続けた。２００１年の自民党総裁選で、小泉が「自民党をぶっ壊す」と叫んだことはまだ、記憶に新しい。世間に大受けしたこのフレーズだが、小泉が本当に言いたかったのは「自民党を牛耳ってきた田中派及びその後継者たちをぶっ潰す」だったのではないか。

というのも、小泉は角福戦争当時、福田の秘書を務めていた。ということは、福田が田中の資金力を背景とした多数派工作の前に、一敗地にまみれる姿を目の当たりにしていたことになる。小泉が「いつか田中にリベンジしてやる」という思いを胸に刻んでいたとしても不思議はない。小泉が田中派の後継派閥である当時の経世会主導による選挙制度改革に対し、強硬な反対論をぶったのも、ＹＫＫ（山崎拓、加藤紘一、小泉）を結成し経世会に対抗したのも、その流れだと思えば合点がいく。勘ぐれば郵政民営化も、田中派とその後継者たちが牛耳ってきた郵政絡みの利権や票を崩壊させることが狙いの一つだったとも考えられる。

小泉の「復讐」はある意味で成功した。今、田中派の後継派閥である竹下派は往時と較べれば見る影もないほどの凋落ぶり。なんとか党内第2派閥の地位を維持しているものの、かつては１００人を優に超す党内最大派閥だったが、所属議員も最盛期の半分以下の56人だし、小渕恵三以降、一人も総裁・総理を出していないし、目ぼしい総裁候補も見当たらない。

一方の福田派後継の細田派は、今や96人を擁する党内最大派閥で、森喜朗以降、小泉、福田（康夫）、安倍と立て続けに総理を輩出している。確かに福田は田中に敗れ続けた。だが、福田の思いはどこかに生き続けていたのではないか。果たして「角福戦争」の真の勝者は田中だったのか、それとも福田だったのか。

強

3

田中角栄

天才政治家は「人たらし」のプロ

たなか　かくえい
1918～93年、新潟県生まれ。郵政大臣、大蔵大臣、通産大臣を経て第64代首相就任、日中国交正常化を果たす。日本列島改造論がさらなる経済成長をけん引。金脈問題発覚で辞職、ロッキード事件で離党。

すれ違いざまにも感じた「風圧」

「風圧」という言葉が初めて頭の中に浮かんだのは、田中角栄との一瞬の邂逅だった。場所は国会内の廊下である。

インターネットで「伊藤惇夫」と検索すると、「反日左翼」などといった悪口雑言とともに、略歴の部分には「時の総理・総裁田中角栄に誘われ自由民主党本部事務局に」といった書き込みがあるが、これは違う。とはいえ、まったくのガセネタとも言い切れない。もちろん、田中は知らないだろうが、僕が出版社からちょっとしたきっかけで自民党本部のスタッフに転身した理由には、間接的ではあっても田中が関係している。というのも、この時、僕を誘ったのが、田中の側近で、当時、自民党幹事長を務めていた橋本登美三郎という政治家だったからだ。

田中と直接、話したのは数回しかない。何かの報告に訪れた時、「おう」と言われたことや、お得意の「わかった」という言葉を聞いたぐらいの記憶しかない。だが、その後、政界で生きていく中で、いずれも間接的だったが、常にどこかで田中と繋がっていたような気がする。自民党時代、最も尊敬し、親しく接してもらったのは田中の「懐刀」と称された後藤田正晴だし、自民党を飛び出して新進党に身を投じたきっかけを作ったのは、「田中学校」の優等生だった小沢一郎と羽田孜《つとむ》である。

その他、渡部恒三、奥田敬和など、なぜか田中の薫陶《くんとう》を受けた政治家たちとの交流が他の派閥の政治家よりも濃かったし、田中の秘書だった人々との交流も少なくない。勝手な思い込みかもしれないが、これも田中との何かの縁だったと言えるのではないだろうか。

こんなこともあった。自民党の本部に勤務し始めてまだ数か月のこと。ある日、仕事を終えて自宅に帰ると、母親が「大変だ！」と言いながら奥から飛び出してきた。何が起きたのかわからずに戸惑っていると、「総理大臣からお中元が届いたよ」と母。半信半疑で奥の部屋に入り、その小包を見ると、確かに送り主の欄には「内閣総理大臣・田中角栄」と書いてある。中身は確か、新潟名産の鮭の粕漬だったように記憶している。

後で知ったが、当時の田中は自民党の議員はもちろん、野党議員や官僚、その他党本部のスタッフなどを含め、何千という単位で歳暮、中元を贈っていたという。悪く言えば「金権」だが、考え方によっては日本の「贈答文化」をうまく活用していたとも言える。ちなみに我が母は死ぬまで「角栄ファン」だった。

それはともかく、自民党のスタッフとなってからまだ間もない頃、国会内の廊下を歩いていた時のことだ。国会内の廊下は幅がおよそ4メートル。その中央にはこれも幅2メートル弱の赤絨毯《じゅうたん》が敷いてある。それだけあれば、絨毯の上ですれ違うことは十分可能だ。事実、僕も何度となく議員と絨毯を降りずにすれ違ってきた。だが、この時は違った。

なぜか周辺の空気が変わったような気がしたため、ふと前方を見ると、遠くのほうから田中が周りを衛視や記者などに囲まれて歩いてくるのが見えた。距離がだんだん縮まっていく。確かに周りを人が囲んでいるが、無理をすれば絨毯の上ですれ違えないほどの人数ではないし、ちょっと絨毯から降りれば問題なくすれ違える。だが、まったく無意識のうちにとった行動は、さっと絨毯から飛び退き、窓際の壁に体を貼りつけるようにして田中が通り過ぎるまで立ちつくすことだった。

誰かにどかされたわけでも、指示されたわけでもないのに、何でそんな行動をとったのか、自分でも説明がつかない。だが、体が自然に動いていた。なぜか。

答えは田中の発する「風圧」がそうさせた、という以外に言葉が見いだせないまま、今に至っている。

秘書から警備員まで、みな惚れさせる

田中については、すでにある意味で「語り尽くされて」いるように思う。その評価をめぐっても「正」と「負」については見方によって様々だ。数々の評伝や語録も出版されているから、深く付き合ったこともない僕が、今さらそれをなぞっても仕方がない。ただ、田中の近くにいた人たちから聞いた話の中で、記憶に残っているものを整理していくと、僕なりの田中像が形作られていくような気がする。

一つは長年、秘書を務めた某氏から聞いた話。田中は言うまでもなく、極めて人気の高い政治家だったから、冠婚葬祭への出席依頼が引きも切らなかった。当然、会合が重複することも少なくない。特に結婚式と葬式が日程的にかぶることが多かったという。そんな時、田中は必ず葬式を優先した。ある時、その某氏が「オヤジ、何で葬式を優先するんですか？」と聞くと、田中はこう答えたという。

「結婚式、祝いごとは後からでも間に合う。だが、葬式はお世話になった人との

最後の別れじゃないか。そっちを優先するのは当然だろう」

もう一つは田中の金庫番と呼ばれ、一方では愛人でもあった佐藤昭子から直接、聞いた話。田中は通産、大蔵などの大臣を歴任したほか、自民党の幹事長といった重職にも度々就いた。役職に就けば当然、秘書官をはじめ、身の回りを世話するスタッフが周りを囲む。さて、問題は田中がその役職から離れる時だ。佐藤によれば、田中が離任する時、必ず起きていたことがあるという。

「毎回必ず、スタッフの人たちが泣くんですよ。涙ながらに『田中先生とお別れしたくない』って」

佐藤からはこんな話も聞いた。

「田中はね。約束を守る人だった。逆に、できない約束はしなかった。それと、人の名前は通しで（名字と名前で）覚える。一度、覚えたら絶対に忘れなかったわね」

田中が記憶力の天才と呼ばれていたことはよく知られている。中央官庁のキャリア官僚の入省年次はすべて覚えているとか、地方から陳情に来た町村長に対し、いきなり「おう、君のところには○年に××道路へ○億×千万つけたよな」と言って相手の度肝をぬいたとか……。確かに田中の記憶力は天才的だったようだが、僕はその背景には凄まじいまでの情報収集力があったような気がしている。というのも、僕も一度だけ、〝現場〟を目撃した経験があるからだ。

まだ、田中が総理時代、何かの用事で自民党本部を訪れ、おそらくは総理官邸に戻る時のこと。自民党本部の出入り口にはいつも左右に一人ずつ、年配の守衛が立っている。と、出口のところで田中のクルマが止まり、窓を開けた田中がそのうちの一人に何やら話しかけている。たまたま傍を通りかかったので、立ち止まって聞き耳を立てていると、田中がその守衛にこう言っていた。

「おう、良かったな。君の息子、○○（某業界のトップ企業）に受かって」

田中はなんと、守衛の息子の就職先まで把握していた。この守衛は生涯、角栄ファンだったに違いない。おそらくはこうした大小様々な、かつ膨大な情報が田中に集まっていたのだろう。

田中派の某議員の秘書だった人物から、こんな話を聞いたことがある。

「新しく担当の記者が配属されるだろ。そうすると、角さんの秘書が彼を銀座あたりの高級クラブに連れていく。で、帰り際、記者に『ここは自由に使っていいからね』と告げる。お調子者の記者は、タダで飲めると思い込んでこの店に通うようになる。何か月かして事務所に顔を出すと、秘書から『ちょっといい？』と言われて別室に入ると、いきなりその店の請求書を見せられ、『こんなに飲んだんだ』と告げられて愕然。すかさずその秘書に『まぁ、これはうちで処理しておくから』と言われてほっとするが、これを機会に、この記者は角栄応援団になる。何も言われなくても、せっせと情報を田中事務所に届けるようになるんだ」

ただ、普通の人間だったら、それほど多くの情報を記憶したり、処理したりすることは不可能だ。守衛とのやりとりを目の当たりにした時、こう思った。田中は集まってくる膨大な情報を取捨選択し、きちんと整理して頭の中の引き出しにしまい、必要な時にそれを即座に使うことができる人間なのではないかと。

田中は「人たらし」と評されることが多い。もちろん、それは意識的に、あるいは政治の世界で勝ち残るための手段として活用していた部分もあるだろう。だが、少なくとも、田中の周辺にいた人間の大半は、心から田中を愛し、尊敬していた。日本の政界で敬愛の念を込めて「オヤジ」と呼ばれたのは田中ただ一人である。誰もが喜んで「たら」された。余計な付け足しかもしれないが、日本の政界で誰よりも多くの総理を「育てた」のは田中で、反旗を翻《ひるがえ》した竹下登と、参議院議員時代、田中派に属していた細川護熙を加えると、その数なんと5人である。

強

4

菅 義偉

「たたき上げ」の誇りと凄味

すが　よしひで
1948年、秋田県生まれ。地元の高校を卒業後、上京。法政大学卒。代議士秘書、横浜市議2期を経て国政へ。総務大臣などを経て、現在内閣官房長官、沖縄基地負担軽減担当、拉致問題担当大臣。

「一強」政権の「生命維持装置」

「突然のお電話、失礼します。私、経済産業省の○○と申します。官房長官からご指示いただき、ご疑念の点、ご説明させていただきたく、お電話させていただきました。ご指定の場所に出向きますので、お時間をちょうだいできませんでしょうか」

２０１３年の10月のある日、僕の携帯電話に、まったく面識のない経産省の幹部から突然の電話が。一瞬、何のことかわからずに戸惑った後、ハタと気がついた。2〜3週間前のこと。菅《すが》と何か月ぶりに会った時、安倍総理が五輪招致の演説で「福島の原発事故による汚染水は完全にアンダーコントロールされている」と述べたことに、「本当に大丈夫ですかね？」と疑問を投げかけたのに対し、菅が「いや、大丈夫です。担当者に説明させますよ」と言ったことを。正直に言うと、僕はその時のやり取りを忘れかけていた。だが、菅はしっかり覚えていて、経産省の担当者にきちんと指示していたのである。

「官邸のラスプーチン」とも「安倍政権の生命維持装置」とも言われる菅。記者からは密かに「ダース・ベイダー」などとも呼ばれているらしい。確かに一見、「強面」である。彼が大声で笑った姿は見たことがない。おそらく今、最も「恐れられている」政治家の一人だ。今の永田町で「風圧を感じる政治家」は、探すことも難しい「絶滅危惧種」に近い存在だが、菅は珍しく、そのうちの一人と言えるだろう。

ただ、一方で、菅は、実に律儀で約束は絶対に守るし、電話やメールを送ると、早ければ数分後に、どんな状況下でも、その日のうちに返事がくる。

また、ちょっと意外なのは、菅は一切、アルコールを口にしない。一方、どうやら「甘党」らしく、食後のシメはおしるこで、一番の好物はパンケーキだという。「官房長官になる前は、カミさんと朝の散歩の途中、評判のパンケーキ屋に並んで食べたこともあるんですがね」なんて話を聞いたことも……。ちなみに菅は、今でもほぼ毎日、早朝に約40分のウォーキングを欠かさない。

こんなこともあった。面談後、別れ際に某中央官庁の局長が、酒席で女性にセクハラ紛いの行為をしたことを聞いていたので、「○○省のA局長には気をつけたほうがいいですよ」と一言告げて別れた。と、翌日、朝一番で菅から電話があり、「昨日の話、詳しく教えてください」と言う。なんで、そんな細かい（？）

話をわざわざ朝から聞いてくるんだろう？　と不思議に思ったが、しばらくして気づいた。菅はこれで、その局長の弱点を把握したんだな、と。

今、内閣人事局制度の下で実質的に幹部級の官僚人事をコントロールしているのが菅である。官僚を最大限、使いこなしているのが菅であり、逆にそれが一面では、「安倍一強」体制の中で、霞が関の官僚が様々な場面で政権への「忖度《そんたく》」を強めることに繋がっているとも言えるかもしれない。

目標は何があっても諦めない

菅はとにかく、驚くほど「こまめ」である。超多忙なはずなのに、彼は時間さえあれば、朝昼晩、誰かと会食している。その多くは一対一であり、相手は政権に協力的な人物に限らない。批判的な立場をとる者とも積極的に会おうとする。例えば僕のような。

かつてはそうした政治家が少なくなかった。批判的な人物であっても会えばお互いの距離は微妙に縮まる。少しでも近づかせることができれば、政治家にとって損はないからだ。だが、最近の政治家の多くは批判的な人物とは会おうともしないし、何かで出会うことがあっても、目を合わせようともしない。要するに「子ども」が増えてしまった。そんな今の永田町にあって、菅は間違いなく「大人」の政治家である。

政権の強弱は〝女房役〟とも称される官房長官の力量で決まると言われている。安倍政権はまさにこの点に関して象徴的だ。

第1次安倍政権はわずか1年弱で倒れた。参議院選挙の大敗や総理自身の体調が主な理由だとされているが、隠れた要因として官房長官人事の失敗があるとも言われている。第一次の官房長官は塩崎泰久。彼は政策に明るい優秀な政治家である。だが、官房長官としての評価は必ずしも高くない。なぜか？　求められる資質とはズレがあったからだ。

後藤田正晴、梶山静六、野中広務……。名官房長官と言われる政治家には共通点がある。「影」の存在として、裏で徹底して支える姿勢や、時に総理にも直言できる度胸、官僚機構を抑え込む腕力などがそれだ。加えて、総理と適度な〝距離感〟を保てることも重要な要素である。ここに挙げた人たちは皆、総理との個人的な関係よりも、「政権を支える」ことに重点を置いていた。塩崎はそれらのいくつかが欠けていたように見える。特に安倍総理の「お友達」であることが、かえってマイナスに作用したのかもしれない。
過去の名官房長官との比較・評価は後世に任せるとして、菅はそうした資質・要件を十分に満たしていると言えるだろう。ちなみに第2次安倍政権は、歴代最長記録を更新中だ。

女房役に徹している菅だが、実は、自らが目標と定めた政策は確実に実現する剛腕政治家でもある。例えば、インバウンドの拡大がそれ。「観光立国」を目指すと決めると、アジア諸国へのビザの緩和や免税店の拡大など、次々と手を打ち、確実に目標を達成している。最近は問題点も浮上しているが、ふるさと納税も、実質的に菅の手で実現した政策だ。「影」の存在でありながら、実は官房長官という地位を最大限に活用しているとも言える。

そういえば、菅がこんなことを言っていた。

「官邸に入るというのは、ものすごく面白いですね。その他の大臣になるより10倍面白い。とにかく、すべての情報が集まってくるから」

情報が入るということは、逆に言うとその情報を活用して、思う方向に事態を動かしていける、という見方もできる。

その菅が、今も課題として取り組んでいるのが米軍基地移設問題、つまり普天間から辺野古への基地移転の実現だ。沖縄県民が圧倒的な反対の意思を示した県民投票の結果を受けても、菅の姿勢は揺るがない。

ある時、菅がポツンと漏らした言葉が耳に残っている。

「なんでこれまで基地の移転が進まなかったかわかりますか？　みんな、途中で諦めたからですよ。私は絶対に諦めない」

辺野古移設には当然、賛否両論がある。が、おそらく菅がその職にある限り、移設は進むことになるだろう。

「今の政治家には覚悟がないですね。政治家として何を成し遂げるかではなく、自分の選挙のことばかり考えている」

菅はよく「覚悟」という言葉を口にする。初当選した時、彼が政治の師と仰ぐ、梶山静六から贈られた「問題解決を先送りしていたら、この国は潰れてしまう。政治家には覚悟が必要だ。頑張れ」という言葉が胸に焼きついているからだろう。批判されようが、たとえ地位を失おうが、必要だと思うことはやり遂げる、という「覚悟」がそうさせるのか。ちなみに、永田町の「諺《ことわざ》」の一つに「政治家は次の時代を考え、政治屋は次の選挙を考える」というのがある。

世襲や官僚出身、公募で合格した学歴、職歴の高い優等生が与野党を問わず増加している永田町で、菅は数少ない党人派である。よく知られていることだが、菅は高校を出ると秋田の実家を飛び出して上京、苦学して大学を卒業し、横浜から出ていた小此木彦三郎衆議院議員の秘書となり、横浜市議会議員を経て国会に議席を得た。市議会議員選挙に出馬した時の苦労話をする時、なぜか菅は楽しそうな表情を浮かべる。

　腕一本、度胸と才覚一つで今の地位まで上り詰めたその過程は、様々な苦労、困難が伴ったことは想像に難くない。そのスタートラインに立ったのが、この市議選であり、そこでの決断と勝利が、今に繋がる「道」を切り拓くことになったという思いがあるのかもしれない。

「オヤジは戦時中、満鉄（満州鉄道）に勤務していました。戦後、帰ってきて農業をやりましたが、生活は苦しかった。毎朝、家の前の用水路の冷たい水で顔を洗っていたんです。今でも朝は冷水で顔を洗ってます」

　その菅が今、支え続けているのが世襲議員の象徴例とも言える安倍総理だ。そこに矛盾は感じないのだろうか、と聞いたら、こんな答えが返ってきた。

「世襲議員から見たら、羨ましいのかもしれません。背負うものがないから自分の意思で生きられる。安倍さんも、もしかしたら私のことを羨ましいと思っているかも。正反対の育ちだから、かえって合うのかもしれませんね」

強 5

竹下 登

虫も殺さぬ顔をして……

たけした　のぼる
1924～2000年、島根県生まれ。1971年、佐藤内閣で官房長官として初入閣。大蔵大臣、自民党総裁を経て第74代首相就任(昭和最後)。88年、日本初の消費税導入。リクルート事件で辞任。孫はタレントのDAIGO。

穏やかな面の下にある「牙」

「虫も殺さぬ顔をして　夜ごと夜ごとの虫潰し」

まさに〝名句〟だと思った。政界の裏方生活約30年、数え切れないほどの政治家を見聞きし、あるいは付き合い、時に味方として、あるいは敵として対峙してきたが、それらの人たちの中で、最も恐ろしいと感じた政治家は誰か、と聞かれれば、躊躇なく竹下登と答えるだろう。

竹下は「おしん」になぞらえられることが多かった。逆境に耐え抜いてたくましく生き抜いた女性を主人公にしたＮＨＫの連続テレビ小説「おしん」。竹下が県議を経て国会議員となったのが１９５８年。以来、１９８５年に親分の田中角栄を裏切るかたちで創政会という新派閥を立ち上げるまでの30年弱、田中角栄のもとで下積み、「雑巾がけ」の生活に耐え抜いた竹下の境遇が「おしん」に似ていたからである。「耐える男」だった竹下はまた、温厚な性格で有名だったし、少なくとも知りうる限りでは顔に怒りや失望、落胆といった表情を浮かべることはなかった。

長年、竹下のそばにいた人物に確認したことだから、これは〝伝説〟でも何でもなく、事実である。竹下は少なくとも「職場」では一度も声を荒げたり、人を怒鳴りつけたりしたことがなかった。同僚政治家はもちろん、相手が秘書やスタッフといった目下のものであっても、常に穏やかな語り口で接していた。僕自身、竹下が自民党の幹事長だった頃、何度か報告や指示を受けるために竹下と会ったことがあるが、とにかく、珍しいくらい優しい接し方をされたことが印象的だった。

竹下を語る上で、必ずと言っていいほど出てくるのが前妻の死だ。戦時中、見習士官として出征していた竹下だったが、故郷に残した妻の政江が竹下の父・勇造との関係で悩み、当時、東京の立川にいた竹下の元へ相談に行ったが、竹下は「お前のほうに問題がある」と一方的に怒鳴りつけて追い返した。その後、政江は悩んだ末に自殺に追い込まれたという。竹下は自分が政江を死に追いやったのではないか、という悔恨の念に苛《さいな》まれ続けた。それが以後、一切、人を怒鳴りつけたり、激しく叱責したりしないという態度に繋がった、という見方がある。

ただ、仮にそうだったとして、つまりある種のトラウマが竹下の性格を変えたとしても、普通の人間ならそこまで徹底することは不可能だろう。まして、竹下は国会議員になって以来、虎視眈々と総理の座を目指し、「牙《きば》」を磨き続けた政治家である。早い段階から興が乗れば、ズンドコ節の歌詞を入れ替え、「10年経ったら竹下さん」と、自ら歌っていたのがその証拠だ。

当時、自民党総裁（＝総理大臣）の座を目指す政治家たちの戦いは、今より何倍も熾烈だった。それこそ日々が戦いであり、それは「血の流れない戦争」といってもいいほど激しいものだった。ちょっとでも油断すれば足をすくわれる。いつどこから「弾」が飛んでくるかわからない。裏切りは当たり前。場合によっては後ろから袈裟《けさ》がけにされることだってある。どこかの政治家のように禅譲を期待して、持論を封印、唯々諾々と現職総理に仕えるような総裁候補など、どこにもいない。総理・総裁への野心を抱く政治家たちは、一瞬も心休まる時はない。

そんな日々の中で、普通の人間だったら、誰かに腹を立てて怒鳴りつけたり、ライバルを罵《ののし》りたくなるのはごく当たり前だ。ところが竹下は誰も怒鳴らなかったし、罵らなかった。

因《ちな》みに、竹下は「言語明瞭・意味不明」と言われていた。口調ははっきりしているが、中身は何を言いたいかわからない、という意味だ。これも、竹下が「本心」を表に出さないために編み出した、一種の〝手法〟だったのかもしれない。

もう一つ、竹下は人に真意を悟られないためか、独特の「竹下語」を駆使したという。例えば、彼がよく口にしたのが「ポン」という言葉だ。一見、何げない言葉のようだが、その本当の意味は「バカ野郎」である。「あいつはポンだな」と言ったら、それは竹下の中では「あの大バカ野郎」という意味になる。それにしても……だ。

人はそこまで自らの感情を完璧にコントロールできるものだろうか。僕ならとても無理だし、普通の人間にはとうていできることではない。逆に言うと、そこまで完璧に自らの感情をコントロールできるとしたら、実は極めて恐ろしい人間なのではないか。なにしろ、他人《ひと》に対し、一切自分の心の内を明かさない、というか悟られないわけだから。

暴れん坊・ハマコーが最も恐れた男

そんな竹下の「恐ろしさ」を、身をもって体験した政治家がいる。竹下は１９８６年から87年まで自民党の幹事長を務めていた。この時、副幹事長で竹下の「ボディーガード」を自任して、朝から晩まで竹下にピッタリ張り付いていた政治家がいる。「ハマコー」こと▼浜田幸一だ。

ある時、ハマコーを囲み数人で雑談していたことがある。と、突然ハマコーが「おい、お前ら、竹下登は優しい政治家だと思うだろう」と言い出した。皆、党本部のスタッフだったから、大なり小なり竹下との接触はあるし、温厚な人物だとの認識では共通していた。で、口をそろえて「はい、そう思います」と答えたところ、ハマコーがこう言った。

「トンデモねえ、俺もいろいろ修羅場をくぐってきたし、その世界（?）じゃ、恐れられていたほうだが、あんな恐ろしい奴はいねえ。俺は四六時中、竹下について歩いて、あいつの恐ろしさを骨の髄まで味わった。で、竹下で一句詠んだから聞け」

そういってハマコーが披露したのが、冒頭の「竹下登、虫も殺さぬ顔をして夜ごと夜ごとの虫潰し」である。

具体的に何があったのか、彼からそれは聞けなかった。だが、漠然と、温厚な人柄、温和な表情の裏側に、何かしら、冷たい風のようなものを感じていただけに、このハマコーの言葉は胸にストンと落ちるような気がしたのを覚えている。

１９８７年11月、竹下は念願の総理の椅子についたものの、翌88年に発覚した

▼浜田幸一については１７５ページ参照。

▼**リクルート事件**で、自身の関与も明らかになり、1989年6月に辞任する。だが、驚くべきことに、竹下はそのリクルート事件の逆風の中、なんと消費税の導入（1988年12月）を実現してしまう。

強力で安定した政権であっても、消費税という全く新たな税を創設することは難しかったはずだ。にもかかわらず、竹下は政権が危機的状況下にある中で、それを成し遂げてしまった。その裏で竹下が一体どんな動きをしたのか。それを考えるだけでも、竹下という政治家の底知れぬ「力」を感じてしまう。

竹下の残した語録の中で、よく取り上げられるのが、「汗は自分でかきましょう。手柄は人に上げましょう」というやつだ。海千山千の政治家だったら汗は「人にかかすもの」で、手柄は「人から分捕るもの」というのが永田町の常識である。だが、竹下はその逆を唱え、事実、政治家人生の大半は、「おしん」のように耐え、影の存在として親分・田中角栄を支え続けた。

だが、竹下は節目節目では、冷酷非情とも言える行動をとっている。一つ目は、言うまでもなく田中角栄を裏切る形で派閥を結成したこと。田中が脳梗塞で倒れた原因は、ここにあるのではないかとの見方が今も消えていない。

もう一つは「ポスト中曽根」争いだ。この時、中曽根の後継を争ったのは「安

▼リクルートの子会社・リクルートコスモスが値上がり必至の未公開株を政・財・官・マスコミ界のキーマンたちにばら撒き、「濡れ手で粟」を演出した。

竹宮」と呼ばれた3人。安倍晋三総理の父・晋太郎と宮沢喜《き》一《いち》、それに竹下である。中でも当時、総理の座に最も近いと言われていたのが安倍だ。巷間《こうかん》、竹下と安倍は極めて親密な関係にあると言われていた。だが、竹下はどんな策を弄したのか、中曽根から後継の座を手に入れてしまったのである。温厚な政治家・竹下の裏側に潜む「闇」は簡単に見抜けないほど深いものだったのではないだろうか。

強

6 大平正芳

「アー、ウー」取れば即名文

おおひら　まさよし

1910〜1980年、香川県生まれ。田中角栄内閣の外務大臣として日中国交回復に尽力。その他通産大臣、大蔵大臣を経て第68代首相就任。知性派でクリスチャンとしても知られた。

遊説中に起きた「不測の事態」

「おい、どうしたんだ！　何かあったのか？」

突然、バスの中が騒然とした。綿密に組まれていたはずの走行日程だったのに、なぜか、止まるはずのない場所で急に総裁車が国道からそれ、ドライブインのような建物に横付けしたからである。１９８０年6月のことだった。

その直前の5月19日、野党が提出した大平内閣に対する不信任決議案が自民党内の福田派や三木派ら党内反主流派の造反（欠席）によって可決され、これを受けた大平総理は衆議院の解散を選んだ。世に言う「ハプニング解散」である。これによって史上初の衆参同時選挙が行われることになった。

解散直後から、大平は自民党総裁として全国を遊説して回った。この頃の「総裁遊説」は、今より格段に「治外法権」的で、自民党総裁の遊説となると、それこそ分刻みの日程が組まれ、地元警察の協力のもと、総裁一行の車列は全ての信号をノンストップで通過できるよう、調整されていた。正確には覚えていないが当時の車列は総裁車のほか、警護のクルマが2～3台、それに随行の党本部スタッフが乗るマイクロバスと記者が乗る、同じくマイクロバスが加わっていたように記憶している。

　この時は、確か関西方面への遊説だったが、僕も随行の一員としてバスに乗り、警護車の後ろを走っていた。綿密な運行計画に従い、地元警察は信号機を操作し、ノンストップで移動するわけだから、ほんの数分でも狂うと大変な騒ぎになる。信号の操作をすべてやり直さなければならないからだ。ところがこの時、その「不測の事態」が起きてしまった。

　党本部の随行スタッフが大騒ぎする中、ＳＰから連絡が入り、実は大平総理が急に便意（尿意？）をもよおしたため、ドライブインに立ち寄ったことが判明した。一同、「トイレじゃしょうがないよね」などと囁《ささや》き合ったのだが、その後に起きたことを考えると、実は大平の体調には、すでにこの頃から異変が起きていたのではないかという思いがしてならない。

　大平はそれから、わずか数週間後に脳梗塞で倒れ、死去する。１９７９年の総選挙敗北をきっかけに起こった、反主流派との熾烈な「40日抗争」を切り抜け、首相の座を死守したものの、反主流派の造反で解散・総選挙に追い込まれた大平は、おそらくこの頃は心身ともに消耗しきっていたに違いない。

大平は歴代総理の中では珍しく、敬虔なクリスチャンだった。貧しい家庭に生まれ、何度も大病にかかったこと、父の死などを立て続けに体験したことが、彼をキリスト教に傾倒させたのかもしれない。

加えて言えば、大平は終生、田中角栄との盟友関係を守り続けた。大蔵省出身のエリートと学歴のない叩き上げの田中とが、なぜ親友とまで言われる関係にあったのかを訝《いぶか》る向きも少なくなかったが、おそらくは苦しい家庭環境の中で育った者同士が惹かれ合う、何かがあったのではないだろうか。

また、大平は大変な読書家としても有名で、どれほど多忙な時でも、週に必ず２～３回は書店に立ち寄り、何冊かの本を抱えて家路についたという。僕自身、一度、そうした場面に出くわしたことがある。ある日の夕刻、国会にほど近い赤坂の書店で立ち読みをしていると、何やら騒がしい雰囲気に。見ると、ＳＰや秘書官たちに囲まれて大平がいた。しばらくすると、大平が数冊の本を抱え、うれしそうな顔つきで出ていく。

大平が残した数々の言葉や、彼が実現を目指したにもかかわらず、その死によって具体化しないままに終わった壮大な国家改造計画とも言える「田園都市構想」などを見ると、政治家というより学者、研究者というイメージが強い。もしかしたら大平は心の奥底では、大好きな本に囲まれ、思索や研究に励むような人生を求めていたのではないか。だが、政治家の道を選んだことで、彼の人生は望んでいた（？）ものとは正反対の、壮絶な戦いに明け暮れるものになってしまったのかもしれない。

　大平が書き残したメモの中に、こんな一文がある。

「見落とす、手を引く、話をそらす。紛争の回避策はこれだ。むきになるものではない」

　この言葉からは大平が紛争を好まず、戦いを回避しながら事態の解決を図っていきたいという思いを抱いていたことが伝わってくる。だが、政治家・大平正芳は結果的に戦い続け、最後はその「戦場」で斃《たお》れてしまった。偶然が彼を大蔵省へと導き、それが池田勇人《はやと》（元総理）との結び付きを生み、彼を政界へと誘った。その後の人生は、おそらく彼が「回避」したかった「紛争」に次ぐ「紛争」の日々だった。

「アー、ウー」は、大平にとって欠かせない句読点

大平と初めて会ったのは、彼が総理になる少し前だった。１９７０年代後半のこと。自民党の機関紙のインタビュー欄で大平に登場してもらうことになった。大平にはいくつかの渾名《あだな》がついていた。一つはその風貌からくる「讃岐《さぬき》の鈍牛」で、もう一つが「アー、ウー宰相」である。総理になる前から大平の「アー、ウー」は有名だった。話をする時、必ず「アー」とか「ウー」という前置きがつくからだ。

さて、当日、インタビューは問題なく終わったが、大平は「噂どおり」だった。質問に答える前に、必ず「アー」か「ウー」がつくのである。帰路、同席していたカメラマンと「やっぱりアー、ウーだったね」などと無駄口を叩きながら編集部に戻ると、テープにとった大平とのやり取りを文字に起こし始めたが、そこで受けた衝撃は今も忘れない。大平の発言から「アー」と「ウー」を取り除くと、見事な文章になっていたからだ。「アー」「ウー」以外の発言には一切の無駄がない。話が前後することも、わき道にそれることもない。ほとんど手を入れる必要

もないほど整った文章である。

おそらく大平は「アー」とか「ウー」という〝異音〟を発している時間帯を使って、頭の中で文章を整理していたのだろう。伝え聞いていた大平のイメージが、この時、一挙に変化した。

ちなみに、その大平と正反対だったのが、一時期は自民党の総裁候補にも擬せられた渡辺美智雄である。渡辺は演説、講演、座談の名手として知られていた。時に栃木弁を交えた渡辺の話は、聞いていて実に面白かった。だがある時、インタビューした後、そのテープを文字に起こしてみると、残念ながら「ハチャメチャ」という以外に表現できないほど支離滅裂だった。話が前後すること度々、質問の趣旨とは無関係の方向に迷走するし、一貫性がない。「まとも」な文章に修正するのに、大変な苦労をしたことを覚えている。

大平の政治家生活の中で、おそらく大きな挫折を感じた問題が3つある。一つは言うまでもなく、日本という国家のあるべき未来像を描くために提唱した田園都市構想が陽の目を見ないままに終わったこと。もう一つは国家財政の将来を見据えて「一般消費税」の導入を目指しながら頓《とん》挫《ざ》してしまったこと。そしてもう一つが、赤字国債を発行してしまったことだ。

大平は１９７５年、三木内閣の大蔵大臣を務めていた時、予算編成に当たって、どうしても財源が確保できなくなり、やむなく2兆円の赤字国債発行を決断する。もともと「小さな政府」論者だった大平は、このことをひどく恥じ、「一生かけて償う」と周囲に誓い、赤字国債を発行するために必要な特例法案を恒久法にしたいと望んだ官僚たちの要望を拒否、1年限りの特例法とした。これは今日まで続いている。

後に大平は、この赤字国債発行に関して、「万死に値する」とまで述べている。おそらくは、自らの信念と違った方向に踏み出さざるを得なかった悔恨の念は、想像以上に強かったのだろう。今、日本の赤字国債発行額は膨らみ続けて１０００兆円を超えた。大平が「万死に値する」なら、その後の総理大臣たちは皆「億死、兆死」に値するのではないか。

今、自民党は安倍長期政権のもと、いわゆる「タカ派保守」が羽振りを利かせている。だが、かつての自民党はタカ派と大平に象徴される穏健保守がバランスを保ちながら、その中間的な方向性を維持していた。一方、経済面でも今は目先の経済成長や当面の景気回復を重視する姿勢が目立つ。大平のような遠い将来まで見据えた国家の在り方を模索する政治家が見当たらない。「たら・れば話」になってしまうが、もしも大平がもう少し健在でいたら、この国はまた、違った方向に向かっていたのかもしれないと思うのは僕だけだろうか。

7 小沢一郎

「壊し屋」は信長の再来?

強

おざわ　いちろう
1942年岩手県生まれ。89年、自民党幹事長就任。98年、自由党結成(のちに民主党に合流)。2012年から国民の生活が第一、生活の党、自由党の代表を歴任。政党結成と分裂を繰り返し「政界の壊し屋」とも呼ばれる。

総理を陰で操った〝最強〟幹事長

「政治改革の根本は選挙制度だ。伊東（正義。当時は自民党政治改革推進本部長）が『党内に反対が多くて』と言うから『誰が反対しているんですか？　竹下？　安倍（晋太郎）？　渡辺（美智雄）？　誰も反対していませんよ。この３人なら私が回って納得させます。要は総理（第76～77代内閣総理大臣、海部《かいふ》俊樹）の決断。これをやって辞めるくらいの覚悟がないとね』と言ったんだ」

パソコンに取り込んだメモには「１９８９年９月21日、赤坂Ｋ寿司で。小沢一郎言」と記されている。選挙制度改革を軸にした政治改革論議が、自民党内で過熱化し始めた頃だ。僕の中ではこの時期の小沢一郎が最も輝いていた、というか強烈なオーラを放っていたような気がする。

小沢が47歳という異例の若さで自民党の幹事長に就任したのは、海部政権下の１９８９年８月のこと。派閥のボスである金丸信《かねまるしん》の後押しがあったとはいえ、すでにその剛腕ぶりは永田町に知れ渡っていた。

思い出すのは当時の自民党本部の幹事長室周辺の光景だ。党本部４階にある幹事長室は、手前に事務局スタッフの部屋があり、その先には副幹事長らのたまり場が、さらにその奥に幹事長の部屋がある。たまたま小沢と親しい記者から「小沢が事務局の中堅と話がしたいと言ってるけど、会ってみる？」と言われたのが縁で、個人的な付き合いが始まった。

　小沢とは、小人数で何度も一杯やったことがある。そうした場での小沢はざっくばらんで楽しい人だった。「有望な若手は？」と聞いた時、「岡田（克也）と船田（元）だな。ただ、二人ともハンドルの遊びがなさすぎる（真面目すぎる）」「女房からは『素人の女性にだけは手を出すな』と言われているんだ」……。

　小沢はとにかく、まどろっこしいことが嫌いで、用事があると事務局の幹部らを飛び越えて、「ちょっと来てくれ」と直接、呼び出しが来る。で、幹事長室に出向くと、事務局のスタッフはもちろん、前室にたむろしている副幹事長までが、「あいつ、何しに来たんだ」という目でいぶかしがる。当時は誰が小沢と接触したか、ということ自体が話題になるほど、小沢の一挙手一投足に関心が集まっていた。海部総理は「お飾り」で、実質的に動かしているのは小沢だというのは周知の事実だった。副幹事長たちも、派閥に関係なく、まるで「小沢親衛隊」のようだったし、直接、小沢に呼ばれて指示を受けることが多かった僕は、事務局の幹部たちから「俺たちを飛び越して、勝手なことを」といった怨嗟《えんさ》の声を浴びせられたり、嫉妬の眼で見られて閉口したことを覚えている。

例えば、小沢からこんな指示を受けたことが、メモに残っている。

「今度の選挙は県連（自民党の都道府県支部連合会）や党の組織を一切当てにしない。個人単位でやる。誰か当落線上にいたら、そいつを当選させるために、カギを握る人間を10人集めろ。俺がそこに行って尻をたたいてやる。カネもぶち込む」

小沢が幹事長として指揮をとり、企業から巨額の選挙資金を集めて勝利した1990年の総選挙の時である。

後藤田（正晴）や伊東の下で政治改革作業に携わっていた時も、幹事長として選挙制度改革推進の中心人物だった小沢とよく打ち合わせの場を持った。当時のメモを見返してみると、小沢の「凄み」が蘇ってくる。

「小沢からの指示→『まだ、誰にも言うなよ。新しい選挙制度は、①現職全員、小選挙区と比例区の重複立候補とする、②1票制でいく、③比例は全国単位、④英国保守党のストック・システムを参考にしろ、⑤原則論だけで引っ張れ。とにかく表と裏がある。表の議論はやらせておけばいい』とのこと」（90年7月31日）

選挙制度改革はその後、紆余曲折を経て、94年に実現するのだが、中身は、その3年も前に小沢が描いた内容とほぼ同じ（比例区の単位を除いて）ものとなった。

優秀な「道具」として人を使いこなす

小沢との関係で、個人的に、今でも記憶に残っているシーンがある。

小沢が自民党を割って出て、新生党を立ち上げた93年。この時、僕も小沢から「一緒にやらないか」との誘いを受けていた。だが、様々な事情から、行くに行けない状態となり、赤坂にあった小沢の個人事務所へ断りに行った時のこと。

「行きたい気持ちはありますが、今回はお断りします」と言った僕に対し、小沢はこう言った。

「わかった。選挙を前にした今、必要なのは大工や左官だ。君みたいなインテリア・デザイナーは後から来ればいい」

「大工・左官」というのは選挙の前線に出る実戦部隊のこと。僕は政策や企画・広報が専門だったから「インテリア・デザイナー」というわけだ。ただ、この時、帰り道を歩きながら、この言葉を反芻しているうちに「小沢は新生党で完結するのではなく、もう、その先を考えているのではないか」と思ったことを覚えている。

その後の小沢の軌跡は、改めて辿《たど》るまでもないだろう。細川非自民連立政権を実現したのも、民主党政権を誕生させたのも小沢だし、両政権を崩壊させたのも実質的には小沢である。「剛腕」「壊し屋」……。小沢ほど毀誉褒貶《きよほうへん》の激しい政治家はいない。

ただ、意外かもしれないが、小沢はどちらかというと「騙《だま》されやすい」人間だった。新進党時代、時の梶山静六官房長官に「保保連立」をチラつかされ、橋本政権に対する攻撃の矛先を緩めたこと、小渕政権下で当時の野中官房長官に乗せられて自自連立へ踏み込んだこと、いずれも結果から見ると、梶山、野中両氏に騙されたケースだった。

政治家としての小沢はなかなか理解しがたい存在である。望めば総理の座も手に入ったのに、敢えてそれを避けてきたかに見えることも、自らが作った政党、政権であっても平然とそれをぶち壊してきたことも、常人である僕から見ると不思議で仕方がない。ただ、ある時、少しだけだが、その謎が解けたような思いを抱いたことがある。

司馬遼太郎の著書『手掘り日本史』（文春文庫）の中で、司馬は織田信長を評してこう述べている。「信長は人を道具としてしか見ていなかった」

これを読んでいる時、「あっ」と思った。小沢一郎はまさに、信長と同じ精神構造なのではないかと。小沢は人も、政党も、政権さえも、ある種の「道具」としてとらえているのではないか。さらに言えば、常人は使い勝手のいい道具なら、どこかに不具合が出たら、そこを修理して使うが、小沢の場合は修理などせずにポイ捨てし、新しい道具を使い始めるタイプなのではないか。

側近と言われていた政治家が次々と小沢から離れていったことも、新進党を解党したことも、二度にわたって政権を瓦解させたことも、そう考えれば合点がいく。「使い勝手が悪い道具なら、未練はない」というわけだ。

人を道具としてしか見ず、利用価値が下がったり、なくなれば容赦なくポイ捨てにする。捨てられたほうからすれば、これほど非情な仕打ちはない。ただ、逆に言うとある意味で非情な、その時々で使い勝手のいい道具を駆使できたからこそ、その是非は別にして小沢一人が、これだけ長期にわたって日本の政界をかき回し続けられたのかもしれない。

今、小沢は小政党を率いて野党の結集を目指している。往年の小沢、強烈なオーラを発していた頃の小沢に比べれば、存在感が低下していることは否定できない。だが、小沢は間違いなく日本の政治史に残る政治家である。なぜなら小沢ほど長い期間、「神話上の政治家」で居続けた政治家は過去に例がないからだ。

政治の政界には時折「神話上の政治家」が現れる。かつては「田中神話」があり「金丸神話」があった。神話上の政治家とは何か。具体的には、見えない場所で、政界全体を動かしている存在とでも言うしかない。解散・総選挙の時期や政治日程、人事などで、予想外の動きがあった時、事実かどうかは別にして、「これはきっと、裏であの人が糸を引いているに違いない」と思わせる人物を指す。

小沢ももちろん、その一人だ。ただ、田中角栄や金丸信などは、いずれも「神話」の世界に住んでいた期間が、せいぜい4～5年だったのに対し、小沢の場合、「神話」の住人になったのが、自民党幹事長に就任した１９８９年だったとすると、民主党政権が崩壊した２０１２年までの約20年間に亘って、その世界に居続けたことになる。その間、敵も味方も「小沢は次に何を仕掛けてくるのだろう」と期待し、あるいは怯え続けたと言ってもいい。

こんな政治家はもう、二度と現れないだろう。

強

8 野中広務

政界のストリートファイター

のなか　ひろむ
1925〜2018年、京都府生まれ。小渕内閣で官房長官と沖縄担当大臣、自民党幹事長などを歴任。郵政事業懇話会の会長を務め「郵政族のドン」とも。障害者支援にも携わった。

「小沢の回し者」と疑われ

「政界の狙撃手」あるいは「影の総理」……。野中を形容する時によく聞かれる異名である。だが、野中と戦ってきたものからすると、もっと違う表現が思い浮かぶ。それが「ストリートファイター」だ。

確か１９９８年頃だったと思う。時の小渕恵三政権と対峙していた新進党のある幹部が、ポツリと呟いた言葉が今も忘れられない。

「おい、野中って、まさにストリートファイター、街角の喧嘩屋だな。あいつは出会いがしらの喧嘩はめっぽう強い。そんな場面じゃ、とてもかなわないよ」

野中が頭角を現したのは、１９９３年に小沢や羽田ら、「竹下派7奉行」と呼ばれた人たちの多くが政治改革（選挙制度改革）の実現を掲げて自民党を飛び出して新生党を結成、その後の細川非自民連立政権誕生へと向かう時期である。57歳で国政進出という「遅咲き」の野中が、急速に浮上したのは、本人の〝腕力〟や、生来の「捨て身の強さ」もあっただろうが、当時の自民党で権勢を誇っていた竹下派（経世会）から小沢たちが去った結果生まれた「空白」を埋める存在だったことも大きい。

小沢らが自民党を飛び出す時、僕も一緒に出ようと誘われた。▼だが、様々な事情からその時は断り、野党となった自民党に残ったのだが、政治改革を通じて小沢や羽田と親しかった僕は、党内で微妙な立場に置かれていた。僕自身は断った以上は彼らとの関係を一切、断っていたが、周りはそうは見てくれない。中でも最も厳しい態度を見せたのが野中だった。

ある日の自民党総務会、終わりも近づいた頃、野中が発言を求め、突然「この党内に小沢のまわし者がいる。気をつけなければいけない」と言いながら陪席していた僕を一瞥した。こちらからすれば、まったくの濡《ぬ》れ衣《ぎぬ》である。後から考えれば、僕はこれがきっかけで自民党を離れ、新進党に移ったのかもしれない。この時から僕にとって野中は常に「敵」であり、戦いの相手だった。

無論、実際に戦っていたのはバッジをつけた国会議員たちで、僕が直接、野中と対峙したわけではない。議員たちをサポートし、情報を与え、時にはアドバイスや知恵をつける、といった形で戦いに参加し続けた。だが、結論から言うと野中との戦いは負け続けである。ある意味で翻弄《ほんろう》され続けたと言ってもいい。

村山政権から橋本政権に移る過程で小沢一郎と梶山静六が軸になって自民党と

▼詳しくは66ページ参照

新進党による、いわゆる「保保連合」に向けた画策を潰したのも、小沢自由党を自民党との連立に引き込み、民主党などの野党連携を阻止したのも、森政権下で反乱を起こし、場合によっては民主党への合流の可能性すら模索していた加藤紘一による「加藤の乱」を鎮圧したのも野中である。

最大の武器は情報収集力

なぜ、野中は戦いに強かったのか。敵と見定めた相手に対する容赦ない攻撃力や、それこそ「出会いがしら」の瞬間的な反応など理由はいくつもあるが、実は野中の最大の武器は、情報収集能力だったように思える。

携帯電話が普及し始めたのは90年代後半。だが、当時の政治家の大半は、まず自分で電話をかけることはまれで、秘書にかけさせ、相手が出たところで電話に出るといったスタイルが大半だった。せいぜい使うのは自動車電話ぐらいである。そんな中、いち早く携帯を駆使したのが野中だ。

伝え聞いた話では、野中は外に出ると、必ず携帯に繋がったイヤフォンを耳につけていたという。かかってきた電話をとり損なうことを恐れたからだ。野中と電話にまつわる逸話は他にもあるが、要するに野中は情報の収集、それも1分、１秒でも早い情報の入手を大事にし、それが戦いの場で生きたのだろう。

　野中の凄みを改めて感じたのは、野中が小渕政権の官房長官だった１９９８年11月、小沢自由党を自民党との連立に引き込むという「離れ業」を野中が成し遂げた時だった。

　当時、僕は野党だった民主党の事務局長。昨日まで「小渕政権打倒」でスクラムを組んでいたはずの小沢自由党と、その小沢を「悪魔」と罵っていた野中が組んで、連立を樹立するなどという思いもよらない展開に戸惑い、その背景に何があったのかが知りたいと思った。たまたま労働界の人間で、民主党の協力者でありながら、なぜか自民党とも太いパイプを持つ人物が、野中の真意を探ってきてくれた。その中身は、実に衝撃的なものだったことは今も忘れない。その人物の、

「聞けば、悪魔と罵っていた小沢に土下座までして連立入りを要請したらしいが、なぜそんなことを？」という質問に対し、野中はこう答えたという。

「もちろん、小渕政権を守るためだが、相手が人間、対等の立場だったらそんなことはできない。でも相手は悪魔だ、人間じゃない。だから土下座でも何でもできる。靴を舐めろと言われれば舐めてやる。だが、一度、引っ張り込めばこっち

のものだ。小沢はあの性格だから自分から『自民党に入れてくれ』とは口が裂けても言わないだろう。こっちも『入ってくれ』とは言わない。そうなれば自由党の大半はいずれこちらに来る。小沢たち一部は叩きだしてやる」

その後の自由党が自民党との連立維持を主張する二階俊博《にかいとしひろ》自民党幹事長ら保守党と連立を離脱した小沢ら自由党に分裂し、やがて保守党が自民党に合流していった経緯をみれば、まさに野中の思惑通りに事態が進んでいったことがわかる。

加えていえば、野中がまず小沢自由党を連立に引き込み、その自由党を「座布団」代わりに置くことで公明党が連立に入りやすい環境を作ろうとしていたことは言うまでもない。今、自公による安定的な政権運営が続いているが、その枠組みを作ったのが野中だった。

一方、野中はただの「喧嘩屋」でもなかった。敵以外に対しては「情」の人だったと言ってもいい。96年4月、当時、自民党幹事長代理だった野中と水面下で接触していた新進党の某幹部から聞いた話も印象深いものだった。

「昨日、野中と会って、2時間ぐらい話した。野中は小沢について、『あれだけ可愛がられていた小沢なのに、金丸（信）さんが例の脱税事件で坂道を転げ落ちるように凋落していった時、一度も電話すらかけてこなかった。よく、金丸さんと話していると、『小沢のヤツ』と言うので、こちらも『そうだ。そうだ』と同調すると、金丸さんが『そうは言ってもな』と小沢をかばっていた。よほど小沢が可愛かったんだろう。金丸さんが体調を崩して、トイレに行く時も足がおぼつかなくなった頃、何度も肩を貸したことがある。最後にはおぶってトイレまで連れていったが、あんまり金丸さんが軽くなったので、涙が止まらなかった』と言っていたよ」

小渕政権を守るため、小沢に頭を下げた野中だったが、心の中では一度も小沢を許したことはなかったに違いない。その背景には金丸に対する小沢の冷たい態度への怒りがあったのではないか。裏を返せば、野中は人間の情というものを何より大切にした政治家だったのかもしれない。

喧嘩にはめっぽう強い野中だったが、晩年になって、その喧嘩に敗れる。２００３年の自民党総裁選。小泉純一郎が再選を目指したこの選挙で、野中は主戦論を唱え、小泉支持を唱える平成研（旧経世会）の幹部たちと対立する。この時、一部の小泉支持者たちに対し、「毒まんじゅう」という言葉を使って、ポスト目当てで支持に回っていると批判、最後は自らの進退をかけて藤井孝男（元運輸大臣）を擁立して総裁選に臨んだが大敗する。

なぜ、野中は敗れたのか。それはたぶん、この戦いがルールなしのストリートファイトでも、人目につかない「街角の喧嘩」でもなく、総裁選というきちんとしたルールの下で、それも国民注視の〝スタジアム〟で行われたからだろう。「情」にもろく、街角の喧嘩にはめっぽう強かった野中広務。その生涯で一貫していたのは、「二度と悲惨な戦争を起こしてはならない」という思いだったという。

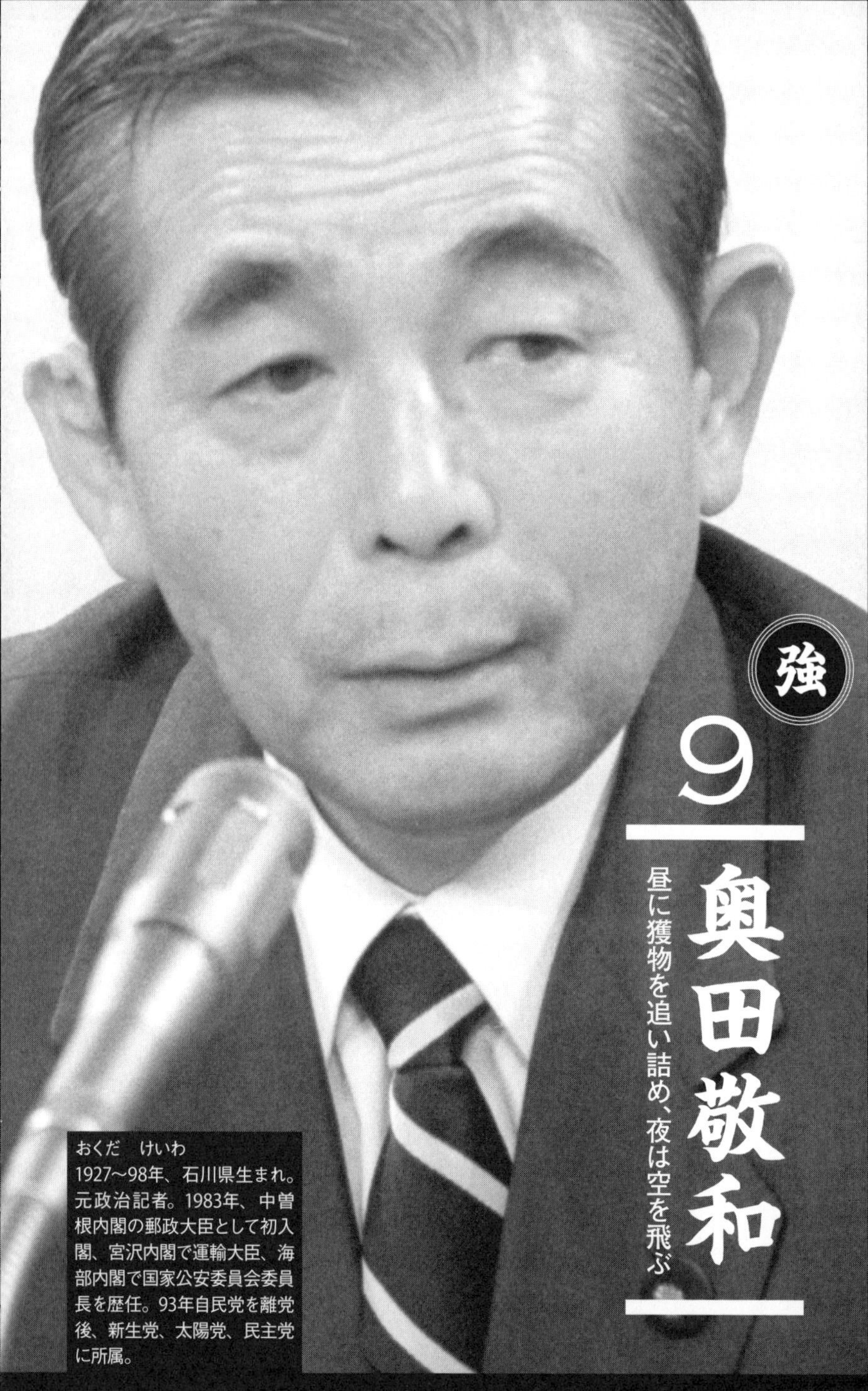

強

9

奥田敬和

昼に獲物を追い詰め、夜は空を飛ぶ

おくだ　けいわ
1927〜98年、石川県生まれ。元政治記者。1983年、中曽根内閣の郵政大臣として初入閣、宮沢内閣で運輸大臣、海部内閣で国家公安委員会委員長を歴任。93年自民党を離党後、新生党、太陽党、民主党に所属。

見た目は小粒でもマッチョで剛健

「おい、羽田を漢《おとこ》にしてやってくれ」「わかりました」

別れの予感はしていたものの、これが奥田との最後の会話になってしまったこと、その思いを実現できなかったことが今でも悔やまれる。

奥田敬和、小沢一郎や橋本龍太郎らとともに「竹下派7奉行」の一人に数えられた実力派政治家である。ただ、他の「奉行」たちと違って、権力の掌握や、頂点（総理を含む）を目指そうとはしなかった政治家でもある。彼は常に「支える」側の人間だった。

ただし、決して平和主義者でも、穏健派でもない。むしろ武闘派と言ってもいい。腹の据わった、喧嘩上手な、政界用語的に言うと〝腕力〟のある政治家だった。

初めて会ったのは、彼が自民党の広報委員長に就任した時。当時、僕は機関紙の記者だったから、自動的に彼の部下になった。ある日、雑談しているうちに、たまたま僕が着ていたちょっと派手めのジャケットに目をつけた彼が、「それいいな。ちょっと貸してみろ」と言うので、ジャケットを脱いで手渡した。奥田は小柄で、サイズはちょうど僕と同じくらい。ところが、袖を通そうとすると、なかなか入らない。やっと腕が通っても、今度は胸板が厚すぎて、前ボタンが留まらない。奥田は見た目よりずっとがっちり体形だったのだ。小柄なのに、ものすごい重量感があったのも、そのせいかもしれない。ちなみに奥田は柔道五段。

奥田という政治家の戦闘能力というか、「凄み」を実感したのは新進党時代だ。

当時、僕は「企画室長」という肩書で仕事をしていた。中身は主に情報収集、分析、議員へのアドバイスだが、もっとはっきり言うと、「敵」（つまり自民党）を攻撃する材料の発掘である。当時は自社さ政権、ちょうど村山富一が退陣し、自民党の橋本龍太郎が総理の座に就いた頃だった。上（まあ、小沢のことだが）から、橋本総理のスキャンダルを洗い出し、「クビを取れ」との指示があり、その責任者に奥田が指名され、スタッフとして僕もサポートすることになった。

橋本総理の周辺を洗い直してみた結果、狙いは絞られた。橋本が大蔵大臣時代に関与を疑われた富士銀行（当時）にまつわる不正融資問題を、もう一度徹底的に調べ直せば、橋本総理を追い込めると考えたからだ。奥田のもと、様々な調査、情報収集を行ったが、その過程で驚嘆したのは、奥田のネットワークの幅広さだ。

政界だけでなく、マスコミその他関連業界や民間企業、果ては「ちょっと危ない世界」にまで張りめぐらされたネットワークと、そこから上がってくる密度の濃い情報にはたびたび驚かされた。

　奥田は誰に対しても、臆することなくズバッとものが言える人物だった。橋本龍太郎が初めて総理候補に名前が挙がった時、赤坂の元芸者が経営する「Ｔ」という小料理屋で奥田が橋本に対して、「君にはいろいろと女性問題で噂がある。総理になるのは、それを整理してからだ、今回は引け」と言って諦めさせたという話は、一部で有名である。もちろん、奥田が橋本の女性問題に関する情報をしっかり握っていたからの発言であり、橋本も奥田の情報力を知っていたからこそ、身を引いたのだろう。

　さて、皮肉なことにその橋本が総理に就任し、改めて奥田を中心に橋本攻撃を開始することになった。不正融資問題に関して、新たな事実を含む、かなりの材料をそろえたのが１９９６年の春先のこと。初めは嫌がっていたが、何とか説得して予算委員会で奥田に質問に立ってもらうことに。相手はもちろん、橋本総理。

　当日、僕も委員会を傍聴していたから、その時の場面をよく覚えている。「かつての盟友に対し、こういう形で質問するのは忍びないが……」で始まった奥田の質問は居丈高《いたけだか》になったり、厳しい言葉を投げつけるのではなく、穏やかな口調で、じわじわと「獲物」を追い詰めていくような展開に。橋本の顔色が徐々に蒼白になっていくのがはっきりとわかった。終わった後、奥田や他のスタッフたちと「あと一歩で追い詰められる。場合によっては辞任にまで追い込めるかも」と盛り上がったのを覚えている。

ところが、それから数日後、奥田に呼ばれて議員会館を訪れると、渋面を作りながら、突然「橋本攻撃は中止だ」と言う。「どうしてですか。あと一歩じゃないですか」と言うと、「上からの指示だ」。

後になって、その背景に小沢と自民党との間で密かに進められていた「保保連合」構想という複雑な事情があったことがわかったが、その時の奥田の悔しそうな表情は今も記憶に残っている。

ちなみに、この頃、奥田を中心とするチームと、その活動ぶりにマスコミの関心が集まり、一部からは「奥田機関」とも呼ばれていたが、実態は奥田の他には僕と、もう一人のスタッフだけ。「まあ、奥田機関とか言われて相手が怯えてくれれば、それもいいかな」と皆で笑い合ったことも懐かしい。

奥田は一見、強面の政治家だったが、実は「情」の人だった。羽田孜元首相らが小沢一郎と対立関係になり、当時の新進党を離党して「太陽党」という小さな政党を立ち上げた１９９６年のことだ。大きな政党を離れ、新党を立ち上げるのは、なかなか困難な作業になる。事は密かに進めないと、頓挫しかねない。同志が党の執行部から切り崩されたりするからだ。

　この時も夜遅くに中心人物数人と、極秘裏に確保した「アジト」で何度も打ち合わせを重ねた末の新党結成だったが、実は、奥田が参加することはあまり期待していなかった。だが、いざ旗揚げの時、奥田は決断し、参加してきた。後に、「なぜ太陽党に参加したんですか？」と尋ねた時、奥田はこう言った。

「羽田がいく以上、俺が面倒見るしかないだろう」

　多くの政治家の価値基準は、自分にとっての「損得」だ。だが、新進党以降の奥田はそんなことより友情を選んだ。わずか64日間で総理の座を去らざるを得なかった羽田孜という親友を、もう一度ひのき舞台に立たせることを目標にしていたように思える。

夜の奥田は「空を飛ぶ」

さて、奥田の唯一の問題点、というか欠点は「酒」である。太陽党時代、夕刻になると、「おい、ちょっと来い」と言われて奥田の部屋に行くと、「一杯やるか」とよく酒をすすめられた。これだけなら単なる酒好きだが、実は宴会などで一定量を超えると、奥田は別人になる。「奥田が空を飛ぶ」というのは有名な話。それまでにこやかに飲んでいた奥田が、ある瞬間を境に目つきがガラっと変わり、突然、暴れ出し、時にはテーブルの向こうから体ごと飛んでくる、ということから生まれた逸話である。はっきり言って、ある種の「酒乱」だ。

１９９８年１月、太陽党とその前年末に突然、解党した新進党の自民党系反小沢グループが合流し、▼**民政党が誕生**する。その結成大会が東京都内のホテル（赤坂プリンス）で開かれた。すでにがんが進行していた奥田も夫人に付き添われて出席。体調を考えて、奥田には控室を用意し、そこに直前まで待機してもらっていたが、準備作業をしていた時、夫人から「奥田がちょっと来てほしいと……」と言われて部屋に。そこにはかつての小柄だが頑丈な奥田ではなく、見る影もな

▼**民政党が誕生**
その3か月後には旧民主党と合併

いほどやせ細った奥田の姿があった。

部屋に入るとすぐ、奥田が声を振り絞るように話し始めた。

「おい、マスコミは大事にしろ。ウソをついてはいかん。話せない時は『話せない』と言え。それからな、羽田を漢《おとこ》にしてやってくれ」

「わかりました。がんばります」と答えながら、政治家・奥田の執念に何としても応えなければ、と思いつつ部屋を出た。

それから数か月後、奥田は黄泉《よみ》の国へ旅立った。その後、羽田をいわゆる「ひのき舞台」に上げられなかったことは今も心残りだ。

ちょっと怖くて、豪快で、情に厚くて繊細な奥田敬和がもし、もうしばらく健康でいてくれたら、軽くて、風頼りで、理屈ばかりが重視される政党になっていった民主党は、もう少し違う方向に向かっていたのではないか、そんな思いを今も抱き続けている。

10 後藤田正晴

強

「カミソリ」は情と理の人だった

ごとうだ　まさはる
1914～2005年、徳島県生まれ。内務省を経て警察庁へ。警察庁長官時によど号ハイジャック事件、あさま山荘事件などに対処。政界に転身し1982年、中曽根内閣で官房長官就任。宮沢改造内閣で法務大臣、副総理を歴任。

凛としたハト派

「この国は一度、地獄に落ちないとダメかもしらんな」

ふと呟いた後藤田の言葉が、今も耳を離れない。詳細は思い出せないが、後藤田が政界を引退してから、かなり経った頃のことだったのと、日本の政治、国の方向性についての会話の中で出たことだったのは覚えている。

「日本は二度と戦争をしてはいけない。国民を不幸な目に遭わせてはいけない」

後藤田の口から何度、この言葉を聞いたことか。１９８０年に始まった「イラン・イラク戦争」、中曽根総理（当時）はペルシャ湾に海上自衛隊の機雷掃海艇を派遣しようとした。それに対し、官房長官だった後藤田が、「あなた、これは戦争になりますよ。国民にその覚悟ができてますか。憲法上ももちろんダメです。もし派遣するなら私をクビにしてからにしてください」と言って、中曽根を断念させた話は有名だ。

きっとこの時も、自らが去った後の政界、政治の動き、国の将来に、危険なものを感じていたのだろう。彼は「あの戦争」に対する強烈な「贖罪《しょくざい》意識」を持ち続けていた。後藤田を一言で表現するなら「凜としたハト派」だった。

後藤田と知り合ったのは、彼が中曽根内閣の2回目の官房長官だった時だから、1986年の春頃だったと記憶している。ある日、知人から「後藤田に会ってみないか」と誘われ、暮夜、当時、後藤田が住んでいた総理官邸の敷地の一角にあった官房長官公邸を訪れた。

当時の公邸は古ぼけた建物で、中も薄暗く、幽霊でも出そうな雰囲気。すでに後藤田は「カミソリ」と呼ばれており、その切れ者ぶりがある意味、恐れられていたから、こちらの緊張感もかなりのものだった。実際に会ってみても、印象としては「噂通り、ちょっと難しい人かな」だったような気がする。

その時の用件は、「近く解散・総選挙があるかもしれないから選挙の準備をしておきたい。ついては選挙用のポスターや政見づくりを手伝ってくれないか」というものだった。「あの後藤田の選挙が手伝える」というのだから、断る理由はない。後から考えれば、例の▼**「死んだふり解散」**がすでに、後藤田の頭の中にあったのだろう。その後も後藤田が政界を引退するまで、選挙のたびにポスターや公約づくりを手伝うことになる。

これがきっかけとなって、後藤田との親交が始まったが、より濃密な関係にな

▼**「死んだふり解散」**
1986年6月2日の衆議院解散。「寝たふり解散」とも言われる

ったのが、１９８９年、リクルート事件を受けて自民党内に設置された政治改革のプロジェクトである。

後藤田はトップとして、あるいは中心的存在として、終始、この問題に携わった。現行の衆議院の小選挙区比例代表並立制への移行や政党交付金制度の創設などは、すべて後藤田によって形作られたと言ってもいい。一方の僕は、このプロジェクトの事務局スタッフとして後藤田の下で約2年にわたって仕事をした。その後も、晩年まで、なぜか時々呼ばれては、「どうだ。最近の政界は」などと聞かれる関係が続いていた。気づけば30年近い付き合いということになる。

ちょっと残念だったのは、長い付き合いだったのに、後藤田が時々、僕の名前を忘れること。晩年まで記憶力は抜群だったから、別に「ボケ」ではないだろうが、秘書から聞くと、たまに「おい、あれを呼べ」と言われ、「誰ですか？」と聞き返すと、「ほら、あれだ、ヒゲだ」、で僕だとわかったとか。ちなみに、僕は40年近くヒゲをはやしている。

それはともかく、自身の性格もあるのだろうが、長年、政治の世界に身を置きながら、残念ながら尊敬できる政治家はほとんどいない。だが、そんな中、後藤田は僕が心から尊敬できる数少ない政治家だった。

長く政治家と付き合っていると、優れた人物だと思っていたのに、失望させられたり、裏切られたりすることも少なくない。だが、後藤田に関しては、それがまったくなかった。うまく表現できないが、政治家として常に国家の将来、国民の未来を見つめて、小さいことには微動だにしなかったことと、人間として裏表がまったくないことがその理由だろうか。政治の世界での「師」を一人挙げろと言われたら、躊躇《ちゅうちょ》なくこの人の名を挙げるだろう。僕にとっては幸せなめぐり合いだった。

基本的に後藤田は「謹厳」「厳格」「鋭利」といった言葉がピタリと当てはまる人物だ。どれほど長い付き合いになっても、呼ばれて後藤田のところに向かう時はいつも緊張感を覚えていた。幸い、そんな場面はなかったが、後藤田から何か質問された時、確証もなく曖昧《あいまい》な答え方をすると、ズバッと見抜かれて「君、いい加減なことを言うんじゃない」と言われそうで。

そういえば、一度だけ怒られた（?）ことがある。雑談の中で、竹下がリクルート事件で辞任した時、後継総理に名前が挙がったのに辞退したことが話題になり、「なんで受けなかったんですか?」と聞くと、「あの当時は心臓に問題があってな。総理なんかになったら体がもたなかったんだ」と言う後藤田に「政治家は命がけじゃないんですか」と言ったら、「君は俺を殺す気か」と言われたのがそれ。まあ、後藤田の目は笑っていたが。

だからといって、後藤田は決して「石部金吉」（石や金のように堅物で、融通が利かない人）でも、冷血漢でもない。彼の口癖は「政治家に必要なのは情と理のバランスだ」であり、理屈だけの人間ではなく、「情」の大切さも十分にわかっていた。意外かもしれないが、後藤田は雑談が面白い。リラックスしている時にはくだけた話も飛び出した。

リクルート事件の余波がようやくおさまった頃だ。こんなことを言い出したのを覚えている。

「竹下（元首相）に『なぜ俺と金丸にはリクルートの株がこなかったんだ』と聞いたら、『10年遅い。あなたたちには投資価値がないんだ』と言われたんだ」

そのリクルート株のせいで竹下は総理の座を降りざるを得なかったというのも、皮肉な話である。

また、ある時はこんなことも。

「おい、君たち、イギリスの上流階級の女性をよく見てみろ。彼女たちは笑う時に、絶対、歯ぐきを見せないだろう。あれは子どもの頃からそういう教育を受けているからだ。その点、ダイアナ（元妃）はちょっと問題があるな」

　珍しく女性がらみの話をしたので、ちょっと驚いたことを覚えている。

　僕自身、人生の岐路に立った時も、後藤田に相談した。１９９４年に自社さ政権が誕生し、その結果、野党に転落した社会党とさきがけ以外の非自民連立政権を組んだ政党が合流して新進党を結成。この時、僕は小沢やその側近から「自民党を出て、こちらに来ないか？」と誘いを受けていた。悩んだ末、後藤田に相談すると、彼はこう答えた。

「求められたのなら行けばいいじゃないか。ただし、ひとこと言っておく。小沢という奴は危険な男だぞ」

　この言葉の意味するところは、その後になってわかってくるのだが……。

　後藤田から学んだことは多い。何気ない会話の中に、政治を見る上での新たな視点を発見したり、後になって、「ああ、そういえば後藤田が言っていた意味はこれだったのか」と思うこともしばしばだった。中でも、今の安倍総理の外交姿勢を見ていて、思い出したシーンがある。

　それは二人だけで話していた時のこと。突然、後藤田が、「おい君、もしもアメリカが日本か中国、どちらかを選ばなければならなくなった時、アメリカはいったい、どちらを選ぶと思う？」と聞いてきた。取りあえずは「同盟国ですから日本では……」とお茶を濁《にご》すように答えると、後藤はこう続けた。

「そうとも限らんぞ。アメリカから見たら中国は14億のマーケットだ。日本はその10分の1に過ぎない。国家というものがギリギリの選択を迫られた時、何を基準に判断すると思う？　自国の利益だ、国益だよ。外交というものは、そういう冷徹な論理に基づいて動くんだということを、日本も腹にすえて取り組まなければいけない」

安倍総理はトランプ米大統領やプーチン露大統領に対し、事あるごとに「ドナルドは」や「ウラジミールが」などとファーストネームで呼びたがる。それだけ親しい関係にあることをアピールしたいのだろうが、親しいというだけで外交がうまく展開できると考えているなら、それはむしろ「危うい」ことではないのか。

「あれは妥協の産物だったからな。どうも思ったのとは違った方向に向かっている気がする」

後藤田自身が主導した選挙制度改革について聞いた時の答えだ。

政治の動き、その節目節目でいつも思う。「後藤田が今、生きていたら何と言うだろうか」と。

第二章
弱風圧の政治家たち

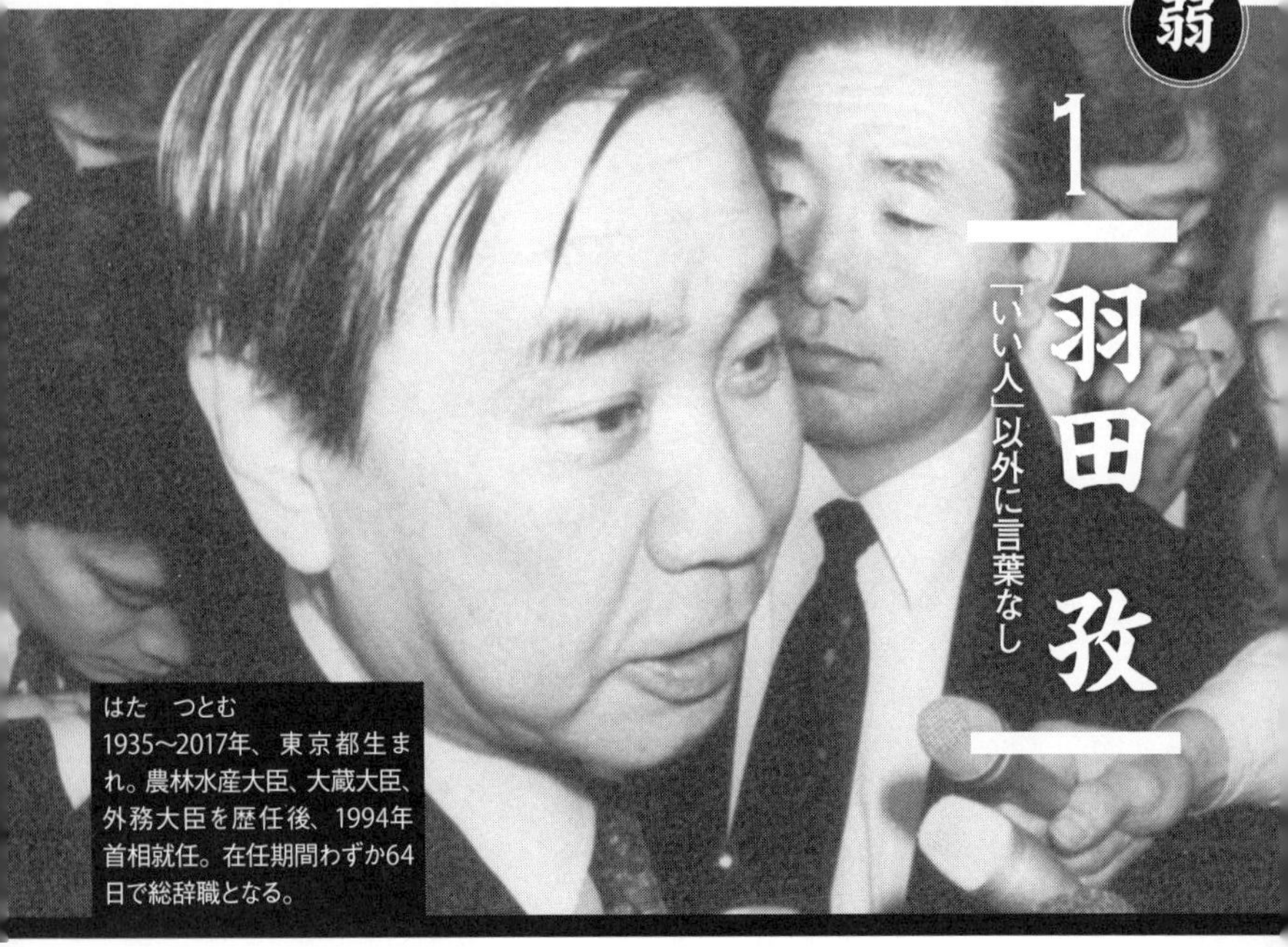

弱

1 羽田 孜

「いい人」以外に言葉なし

はた　つとむ
1935〜2017年、東京都生まれ。農林水産大臣、大蔵大臣、外務大臣を歴任後、1994年首相就任。在任期間わずか64日で総辞職となる。

むしろ「そよ風」

「俺はいつか、小沢（一郎）を総理にしたいと思っているんだ。ただし、あいつは面倒くさがりで、説明することを厭《いと》う。『バカに何言ったって無駄』なんて思ってる。それじゃあダメなんで、あいつにはっきりものが言えて、あいつが『あれの言うことじゃしょうがない』って思うような奴がそばにいないといけない。俺がそれをやる。そうすればあいつは絶対、素晴らしい総理になるよ」「俺はいいんだ。金丸（信）だって鄧小平《とうしょうへい》だって、最高実力者でありながらトップの座についてないじゃないか。俺か？　調整型だから議長でも目指すか」

　メモには「１９９０年９月６日・オーストラリア」とある。この時、僕は政治改革のプロジェクトで、選挙制度の視察を目的にオーストラリア、ニュージーランドを羽田らとともに訪れていた。現地の大使館員が驚くほど過密な日程だったが、ある晩、たまたま羽田と二人だけで１時間ほど話し込んだ。そこで羽田が語ったのが、冒頭の発言である。

　長く政界に身を置き、数えきれないほどの政治家に接してきたが、人柄の良さから言えば、文句なく羽田が一番だった。いつも笑顔を絶やさず、気さくで下のものに対しても、常に優しかった。

　ある時、某経済人と酒席を共にしていると、羽田から電話がかかってきた。同席していた某氏に「羽田さんからの電話なんで、ちょっと失礼」と言って電話に出ようとすると、その某氏が「私も何度か羽田さんに会ったことがある。会いたいな」と言う。で、仕事の話の後、「今、○○さんと飲んでるんですが、これからどちらへ？」と聞くと、「家に帰るところだ」との返事。「○○さんが会いたいと言ってますが」と言うと、「じゃあ、20〜30分な」と言って、何分も経たないうちにやってきた。で、結局、羽田が帰ったのは2時間後である。

欠点と言えば、話が長いことぐらいか。「羽田さん、10分ですから」と言って送り出すと、必ず20分はしゃべり続ける。

おかしかったのは、口癖が「いずれにいたしましても」だったこと。普通、この言葉は話をしめる時に使うのだが、羽田の場合はこれが5回も6回も続いた。ある時、面白いので「いずれにいたしましても」を数えてみると、なんと8回も……。晩年、羽田は脳梗塞を患い、言葉が出にくい状態に陥った。話好きの羽田にとって、それはとてもつらいことだったに違いない。

羽田は決して「切れ者」ではなかったかもしれないし、「したたかさ」とは無縁の政治家だった。それが「いい人だけどね」という評価となって定着していた。

その羽田を徹底的に利用したのが小沢一郎だろう。敵の少ない羽田を前面に出し、自身は後ろでそれを操るという手法をたびたび駆使した。だが、羽田は終生、小沢の悪口を言ったことがなかった。ぶつかることがあっても、喧嘩別れのような状況になっても、羽田の口癖は「でも、小沢とは同じ釜の飯を食った仲だからな」である。

ただし、羽田も長年、政治家として生き、自民党時代も、その後も総理や党首、政党の要職を務めた人物である。人がいいだけの人物ではないし、冒頭に紹介した言葉からも、羽田が自身の政治家としての資質を冷静、客観的に見ることができる人間だったことがうかがえる。

いつも明るい羽田が、悔しそうにつぶやいた言葉が今も忘れられない。羽田が総理に就任した直後、小沢らが連立を組んでいた一部政党だけで、新たな会派を結成したことを理由に、連立与党だった社会党と新党さきがけが離脱、羽田はわずか64日で退陣に追い込まれた。その時の話をしていると、羽田の表情が曇り、悔し気にこう呟いた。

「俺はあの時、衆議院を解散したかったんだ。でも、周りから羽《は》交《が》い絞《じ》めにされて総辞職せざるを得なかったんだよ」

「羽交い絞め」にしたのは誰か。その中心にいたのが、小沢一郎だったことは容易に推測できる。

羽田と小沢の関係は面白い。というか、とても皮肉なことに羽田が「総理にしたい」と願った小沢は、チャンスがあったのに、自ら避けたことで、おそらくは総理になることなく政治家人生を終えることになるだろう。一方、衆議院議長を目指した羽田は、ほんの短い間だったにしろ、総理の座を経験した。

羽田には「風圧」という言葉は相応《ふさわ》しくないかもしれない。むしろ柔らかで、暖かいそよ風のような政治家、という表現が的確なのでは……。

弱

2

岡田克也

今も昔も一直線

おかだ　かつや
1953年、三重県生まれ。旧通産省入省。98年の民主党結党後は政調会長、幹事長、代表などを歴任。民主党政権で外相、副総理を務める。2015年、民主党代表就任、翌年民進党結成。

岡田のハンドルに「遊び」はいらない

「選挙制度は……」

　遅れてきた岡田が席に着くなり、やっぱり政治の話を始めた。事前に仕組んで、両隣に若い女性のコンパニオンを座らせておいたのに。予想通りの展開に、一同は苦笑いするしかなかった。

　当時、岡田はまだ当選1回だったが、初当選した直後から〝有名人〟だった。「ジャスコ（現イオン）の息子で通産省（現・経産省）出身の、超真面目人間」という評価で。当選後すぐ、岡田は当時、後藤田正晴や伊東正義らを中心に自民党内で進められていた▼**政治改革**推進派の若手政治家の代表格として、熱心に取り組み始めた。同時にその堅物《かたぶつ》ぶりは、すぐ党内に知れ渡る。

ある時、若手の同僚議員や記者、それに僕も加わって、ちょっとした「いたずら」を仕掛けた。「岡田克也を柔らかくする会」の結成である。堅物の岡田をどうしたら柔らかくできるかが、会のテーマだ。そこでまず考えたのが、料亭のような場所に岡田を誘い出し、女性を隣に座らせてみたらどうか、という〝案〟だった。

作戦は実行された。だが、結果は冒頭の通り。その後も1、2度、似たような仕掛けをしたが、どんな席でも岡田は政治、政策の話以外はしない。作戦は見事、失敗に終わった。「二次会に行こう」と誘っても「明日の準備があるから」と言って、さっさと帰って行く。その手にはいつも大量の資料が詰まった重そうなカバンが……。因みに、今はリュックを背負って歩いているとか。

「堅物」岡田にまつわる〝伝説〟の一つが「いつでも誰とでも割り勘」というのがある。相手が政治家だろうが、記者だろうが、食事をすると必ず割り勘にする、というのがそれだ。ただし、これは訂正が必要だろう。なぜなら僕自身、何度か

▼**政治改革**
中選挙区制から小選挙区中心の選挙制度へ

奢られているから。

あれからもう30年近く経つが、岡田は当時も今もまったく変わらない。その生真面目ぶりは、永田町でも抜きん出た存在と言ってもいいだろう。とにかく不器用なほど一直線。そういえば、岡田が当選してしばらくした頃、小沢一郎を囲んで赤坂の小料理屋で一杯やっていた時、「小沢さんから見て、若手の有望株は誰ですか？」と聞くと、小沢がこう答えた。

「岡田と船田（元）だな。ただ、二人とも▼ハンドルの遊びがなさすぎる」

クルマのハンドルは、微妙に遊び、つまり余裕が持たせてある。そうでないと、ハンドルを切った時、急角度で曲がってしまい、その結果、事故に繋がるからだという。

船田はさておき、岡田はまさにこの表現がピタリとあてはまる。ただし、岡田は永田町にデビューして以降、今日まで、おそらく一度もハンドルを切らず、一直線に走ってきたから、その意味で「遊び」は不要だったかもしれない。

とにかくブレない。一本気で損得勘定と無縁、筋が通らないと思えば、相手が誰でも真正面からぶつかっていく。１９９７年に岡田を高く評価していた小沢が突然、新進党の解党を宣言すると、「新進党と（選挙で）書いてくれた有権者に対

▼詳しくは64ページ参照

する裏切りだ」と激しく反対する。その後、現在まで岡田と小沢の関係は微妙なまま。

岡田は政治改革に取り組んで以降、今日まで一貫して「政権交代可能な二大政党システムの構築」を目指してきた。小沢や羽田とともに自民党を飛び出してから現在まで、一度も自民党と妥協したことも、自民党中心の政権に加担したこともない数少ない政治家である。あまり記憶にない人も多いだろうが、岡田は２００４年、民主党の代表として、この年の参議院選挙で、自民党を1議席上回る50議席を獲得し、人気絶頂だった小泉自民党に勝利した。ちなみにこの時、岡田は堂々と「消費増税」を掲げて戦っている。

２００９年3月、小沢が建設会社絡みのスキャンダルで民主党代表を辞任、岡田は若手議員に担がれて代表選挙に出馬するが、小沢が岡田を嫌って、鳩山由紀夫を支持した結果、僅差《きんさ》で敗れる。この時点で、「次の総選挙では政権交代が実現する」というのが既定路線となっていたから、この代表選は「次期総理」を決める選挙でもあった。そこで小沢は世論の支持は高いが、自分に歯向かう岡田ではなく、コントロールしやすい鳩山を選んだのである。もしも岡田が民主党政権の初代・総理に就任していたら、この政権はかなり違ったものに、もっと長持ちするものになっていたかもしれない。

永田町は権謀術数渦巻き、損得勘定や駆け引きばかりがはびこる世界という印象が強いはず。これはかなりの部分、当たっている。その中で岡田は全く〝異質〟な存在である。

ある時、岡田に「あなたは希少動物みたいだ」と言ったら、めったに感情的にならない岡田に「それは言い過ぎじゃない」と怒られた。

生真面目を絵に描いて、額縁に入れ、床の間に飾ったような男・岡田克也。こんな政治家が一人ぐらいいてもいいじゃないか。

弱

3 金丸 信

政局という名の沼に棲む妖怪

かねまる　しん
1914～96年、山梨県生まれ。実家は酒造業を営む。東京農業大学卒。防衛庁長官、副総理、建設大臣、幹事長などを歴任。東京佐川急便事件において政治資金規正法違反で略式起訴され、議員辞職。

政局を読む動物的感覚

何度か会ったが、金丸が何をしゃべったか、記憶に残るような言葉がまったく浮かんでこない。要するに少なくとも「表の場」での言葉からは何も読み取れない政治家だった。その発言も1日でクルクル変わる。

ただ、金丸番の記者に言わせると、「あれは深謀遠慮の上での発言だ。風向きを見極めながら、発言を変えているんだ」となる。僕は、金丸に心酔していたこういうバンキシャたちの思考を、密かに「唯《ゆい》金丸史観」と名付けていた。

風貌は妖怪風。水木しげるが描くところの『ゲゲゲの鬼太郎』に出てくる「子泣きじじい」によく似ていた。常に茫洋とした表情からは、まったく内面がうかがえない。ただ、その政局の読みは、まさに「動物的感覚」と言っていいほどの鋭さを持っていた。党内のみならず、野党にも幅広い人脈を持ち、国会運営でもその手腕は抜群だった。旧社会党委員長の田辺誠とは、それこそ「刎頸《ふんけい》之《の》友《とも》」のような関係を築いていたことは有名だ。

政局が動く時、あるいは予想もしない人事や展開を見せた時、その背後には常に金丸がいた（あるいはそう思われていた）。金丸の絶頂期はそう長くない。竹下登の〝後見人〟として君臨していた頃の４～５年間だったと言ってもいいだろう。この間の金丸は「神話上の政治家」だった。

１９８２年のこと。総理辞任後の田中角栄が「闇将軍」と呼ばれ、依然として自民党内に隠然たる影響力を行使していた時代だ。この頃、鈴木善幸《ぜんこう》総理（当時）が総裁選出馬を断念し、「ポスト鈴木」をめぐる動きが慌ただしくなり始めていた。この時田中は「中曽根を支持する」と表明。これに対して派閥内からは若手を中心に「中曽根など応援できない」という声が噴出した。

　ちょうどこの頃、田中派の中堅だったある議員から、こんな話を聞いたことがある。

「金丸さんて、普段はボーっとしているみたいだけど、肝心なところでは迫力があるよな。派閥の会合で、若手から『中曽根支持は納得できない』という声が上がり、大騒ぎになったんだ。と、金丸さんが立ち上がり『この娑婆《しゃば》は、お前らが思っているような娑婆じゃない。親分が右と言えば右、左と言えば左なんだ』と一喝したとたん、シーンとなって、一件落着さ。いざという時の金丸さんは凄みがあるよね」

　その後、竹下登が田中に叛旗《はんき》を翻《ひるがえ》し、のちに経世会となる派閥を立ち上げたが、その仕掛けを一手に引き受けたのも金丸だったというのが、永田町では定説となっている。今では確認のしようもないが、当たらずといえども遠からず、といったところだろう。

　一方、金丸は〝今風〟の政治家のような鋭利さや理屈一辺倒の優等生風とは対極に位置するような政治家だった。その発言、語録も独特だ。

　例えば、「パラボラアンテナ」のことは、いつまでたっても「バ、ラ、バ、ラ、アンテナ」だったし、宮崎県にあったリニアモーターカーの実験施設を、自身が強引に地元の山梨県に持ってきておきながら、最後まで「リビアモーターカー」と言い続けたとか。また、政局を語る際も、独特の言い回しというか、はっきり言って品のないたとえ話が頻繁に出てきたという。

その一つが「馬糞《ばふん》の川流れ」。これだけでは意味不明だろうが、これを〝翻訳〟すると、「野党は一見、結束しているように見えるが、時間が経てばバラバラに崩れるよ」という意味になる。「馬糞」は堅いように見えて、水に流せばすぐに溶けるからだ。また、「糞より小便のほうがましだろう」というのもある。これは要するに「政治には妥協も必要だ」という意味になる。

有名な金丸語録の一つに「平時の羽田（孜）、乱世の小沢（一郎）、大乱世の梶山（静六）」というのがある。竹下派7奉行のうちの3人を表した言葉で、一般にはこの3人が金丸の中では「総裁候補」と考えていた人物と言われているが、実はこの話には続きがあるという。「政治の世界に平時はない。大乱世になれば自民党なんかなくなる」というのがそれ。つまり金丸にとって、小沢一郎が唯一の総裁候補であり、〝希望の星〟だったのかもしれない。

金丸が東京佐川急便事件で失脚したことで、その後の政局は大きく変わった。

仮に「金丸の時代」がもう少し長く続いていたら、小沢らの離党・新党旗揚げもなかっただろうし、細川政権の誕生も、その後の政界の激動もなかったかもしれない。そう考えると、妖怪のような政治家・金丸の存在感が、より大きなものに見えてくる。

弱

4 梶山静六

戦闘能力ピカイチの政治家

かじやま　せいろく
1926～2000年、茨城県生まれ。陸軍航空士官学校、日本大学工学部卒。通産大臣、法務大臣、自民党幹事長、内閣官房長官を歴任。

挑戦し続けた「闘志の魂」

「なんだこれは！　俺がこんなこと言うか馬鹿もん！」

梶山には怒鳴られた記憶以外、あまり直接的な思い出がない。まあ、この時は、怒鳴りつけられてもしょうがなかったが……。

僕が自民党の機関紙（当時は自由新報）の編集長だった頃だから、1992年だったか。当時、梶山は自民党幹事長である。梶山にインタビューをすることが決まり、部下の記者を派遣。記事は無事（?）に出来上がり、印刷が始まった。と、そこで大問題が起きた。梶山のインタビュー記事の中で、大変な間違いが発覚したのだ。

それは梶山が陸軍士官学校を出て、満州に渡り、戦闘機乗りとして特攻隊となるための訓練を受けていた頃の話の部分。インタビュー記事では現地の普通の女性から、「兵隊さん、私を買って」と言われたことになっていた。一般の日本人女性がそんな馬鹿なことを言うはずがない。が、そのまま校閲を通り、印刷に回ってしまった。

後から考えれば、梶山が言ったのは「兵隊さん、勝って」だったことは間違いない。茨城訛《なま》りのせいで聞き取りにくかったかもしれないが、それは言い訳にならないし、チェックが利かなかった責任は編集長である僕にもある。で、慌てて謝罪に行った時の梶山の怒りは、それこそ「縮みあがる」という表現がピッタリくるくらいの迫力だった。一部、刷り始めていた新聞は、もちろんストップ。改めて刷り直したことを覚えている。

梶山は小沢一郎、羽田孜らとともに「竹下派7奉行」の一人に数えられた政治家である。金丸信が「平時の羽田、乱世の小沢」に続けて「大乱世の梶山」と評したことからもわかるように、とにかく「戦闘能力」の高さでは抜きん出ていた。

要するに「闘志の塊」のような政治家であり、曲がったことが大嫌い。相手が誰であろうと、どんな大物であろうと、負けを覚悟でも戦いを挑む。そんな政治家だったように見えた。

こんな逸話を耳にしたことがある。もともと梶山は小沢を買っていた。一時は「小沢を総理にする」と公言もしていた。だが、ある時を境に、梶山は「反小沢」に変わる。その後、金丸が東京佐川急便事件の発覚によって竹下派会長を辞任、その後継をめぐって、羽田を擁立した小沢と小渕恵三を推した梶山とで「一・六戦争」と呼ばれるほど激しい対立が起きる。結果は小渕を推した梶山が勝利したわけだが、これが引き金となって小沢たちは自民党を離党、その後の細川政権樹立へと繋がっていくわけだから、小沢対梶山の戦いは、その後の日本の政治状況に大きな影響を与えたことになる。

ではなぜ、梶山は小沢を見限ったのか。これはあくまでも、かつて小沢周辺にいた人物からの情報だが、それが事実なら、政治は実に〝些末《さまつ》〟なことから動く。話というのはこうだ。ある日、梶山から小沢事務所に電話があり、「小沢と話したい」という。電話に出た秘書が、「小沢は今、ちょっと電話に出られません」と答えた。実はこの時、小沢は毎日の習慣で「昼寝」をしていたという。しばらくしてまた梶山から電話があり「小沢を出せ」、と言ったが、その時電話に出た別の秘書が「馬鹿正直」だったのか、「小沢は今、昼寝中です」と答えてしまった。そこで梶山が「俺が大事な用件で電話しているのに」と激怒し、両者の関係に亀裂が入った、というのである。

梶山はその後、橋本（龍太郎）政権の官房長官として、その屋台骨を支えた。当時、僕は新進党にいて、情報収集を担当、金融機関との関係を洗い出すことで、橋本を追い詰めつつあった。だが、ある日突然、「攻撃中止」の指示。後日、調べてみると、ちょうどこの時、梶山が「仇敵」であるはずの小沢を懐柔、自民党と新進党の保守派との連立（いわゆる「保保連合構想」）を匂わせることで、小沢の攻撃中止を引き出したことが判明した。

その後、梶山は保保連合を唱えて、自社さ派だった竹下登、野中広務らと対立、官房長官を辞任する。橋本が参院選挙敗北の責任を取って退陣した後の自民党総裁選では、竹下らが推す小渕恵三に対抗し、派閥を離脱して総裁選に立候補、小渕に敗れはしたものの予想を覆《くつがえ》す健闘ぶりを示す。自らが正しいと思った道は、どんなに険しくても挑戦する、そんな人生だった。

かつて、梶山を「人生の師」と仰ぐ菅義偉からこんな話を聞いたことがある。

光文社ノンフィクション編集部の好評既刊

魂問答

清原和博
鈴木泰堂

単行本ソフトカバー●1、300円

沈黙を破り、
悔恨の涙とともに語り、歩き出す！

「この本は、泰堂さんから教わる仏の道を光の道しるべとしながら、僕、清原和博が暗闇のなか、再び歩み始めたプロセスを記録したものです。まだまだ、道半ばではありますが、その道程を包み隠さずお伝えすることで、僕と同じように悩み、苦しんでいる人たちの一助になればと思っています」――2016年2月、覚醒剤取締法違反の容疑で逮捕。懲役2年6か月、執行猶予4年の有罪判決を受けた清原氏が沈黙を破りすべてを告白。なぜ、堕ちたのか。そして今、目指すべき場所はどこにあるか。罪を悔いながら薬物依存、うつ病とたたかう日々。最愛の母の死。離別した子供達へのおもい……。清原和博が、最も信頼する僧侶・鈴木泰堂との対話から生きる意味を考える。

「死にたい、
もうこの世から
消えてなくなって
しまいたい――」

マンガでわかる

愛着障害

岡田尊司　監修
松本耳子　漫画

単行本ソフトカバー●1,200円

自分の
「愛着」の
ほんとうの
姿を知れば
癒される！

そばにいてほしい人を拒否したり、攻撃したりしてしまう「回避型」。相手を求めたい気持ちが強すぎて、人の反応に過剰な「不安型」など、多くの大人が愛着障害を抱えています。自分の愛着スタイルを知り、愛着の傷を癒し、楽しく生きるためのヒントを教えます。累計32万部の新書「愛着障害」シリーズを、自身も愛着障害に苦しむ松本耳子さんによる、待望のマンガ化！

「初当選直後、梶山さんから『これからメガバンクは一つか二つになるぞ』と言われ、そんな馬鹿なと思っていたら、実際、それに近いことになっている。あの人は先を見る目をもっていたんですね」

弱

5 細川護熙

「たった一人」で流れを変えた「殿」

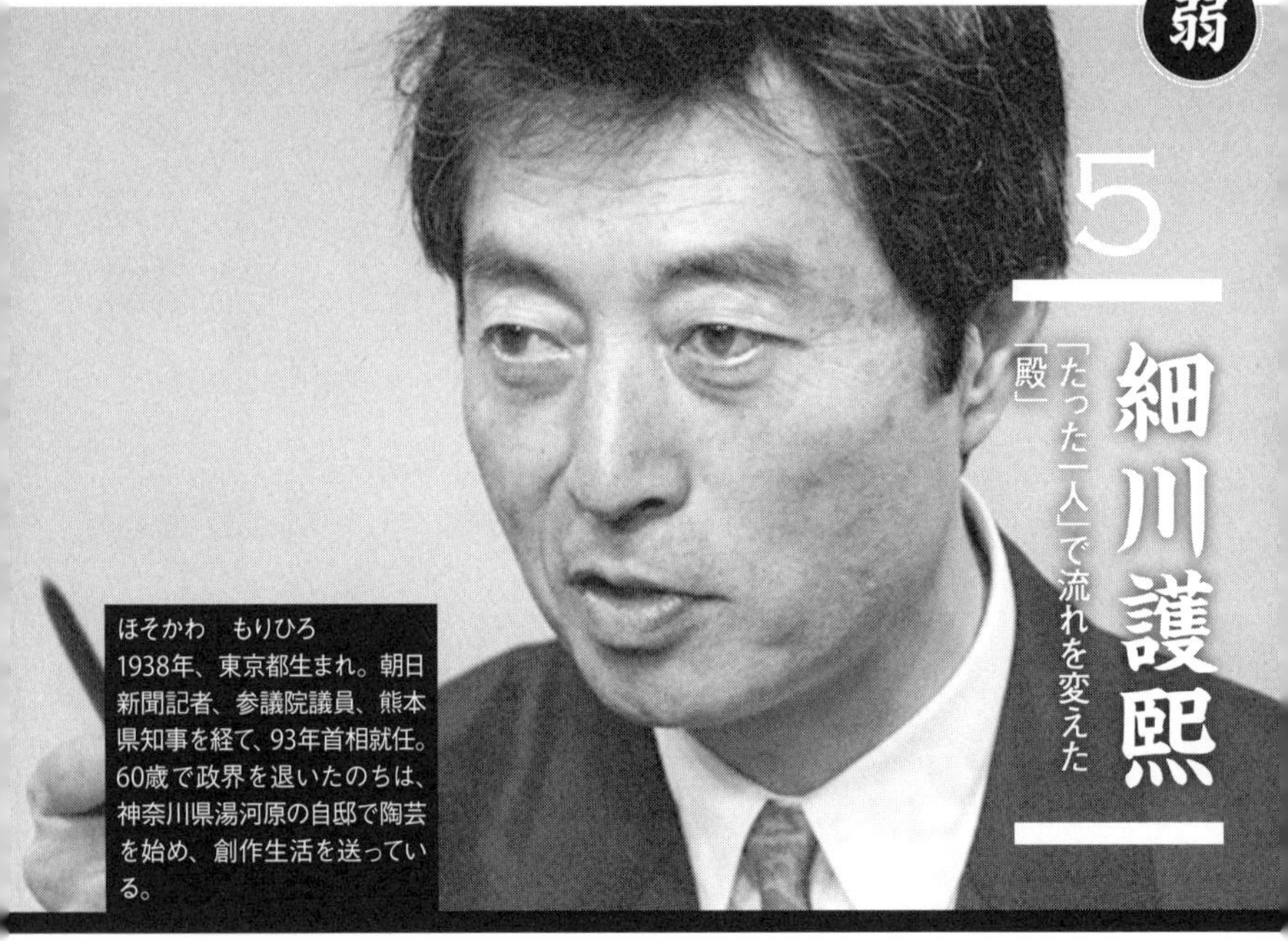

ほそかわ　もりひろ
1938年、東京都生まれ。朝日新聞記者、参議院議員、熊本県知事を経て、93年首相就任。60歳で政界を退いたのちは、神奈川県湯河原の自邸で陶芸を始め、創作生活を送っている。

時空を超えて吹く高貴な風

「応仁の乱を知ってるか？あの戦乱はこの国の形を大きく変えた戦いだったけど、他にも面白いことがある。それは、10年間の戦いが終わってみると、権力構造がガラッと変わっていたことだ。戦乱の前に権力を持っていた有力な守護大名たちの大半が消えている。つまり権力の総入れ替えが行われたわけだ。あの戦乱を潜《くぐ》り抜け、今に至るも名門・名家として生き残っている家は、ほんの少ししかない。その稀有な例の一つが、実は細川家だ」

新進党時代、あるベテラン政治家から、こんな話を聞いたことがある。応仁の乱は１４６７年から１４７７年までの10年間。事実、乱の前に権勢を誇っていた山名、赤松、斯波といった守護勢力は軒並み消え去り、代わって尼子《あまご》、多賀、浦上といった国人と呼ばれる新興勢力が台頭している。その中で細川家だけは……。

この話を聞いた途端、なぜか頭の中の「モヤモヤ」が一挙に晴れるような気がした。

ずっと、引っかかっていたのは、細川護熙のこと。彼とは新進党の解党前後、頻繁に接触し、新党構想などを相談していたが、彼と話をしていると、いつも不思議な感覚に捉われていたからだ。

会話が成り立たないわけではないし、別におかしなことを言うわけでもない。だが、彼と話していると常に、なぜか「ズレ」のようなものというか、ある種の「違和感」を感じていた。「この人は、何かが違う」そんな思いと、それが一体何なのかという疑問を抱き続ける中で、出会ったのが、このベテラン議員の話だ。聞いた途端、閃《ひらめ》いた。「そうか、あの違和感は彼と、僕ら普通の庶民との時間軸の違いだったんだ」という思いがそれ。

我々庶民は、物事を考える時、せいぜい5年か10年単位の物差ししかもっていない。だが、細川家は応仁の乱以前から、ということは少なくとも６００年は続く家柄。その当主である細川だけに、おそらく、彼の物差しは１００年単位に違いない。その「差」が、「何かが違う」ことに繋がっているのだろう。そう考えれば合点がいく。そう思った。

細川は常にソフトだ。どれほど切迫した事態に直面しても、悠揚迫らない態度と口調は変わらない。

「田中角栄さんの葬儀があった１９９３年12月16日、小沢（一郎）さんが官邸に来るというので、いつもの通り刺身と日本酒を用意して待っていると、小沢さんがいつもと違う様子で入ってくるなり、『明日までに武村（正義）を切れ』と言うから、『いくらなんでもそれは……』と言った途端、箸もつけずにプイっと出て行って、それからしばらく連絡が取れなくなったんですよ」

そんなきわどい思い出話をする時でも、細川の口調は、いかにものんびりとしている。

そういえば、２０１４年の東京都知事選挙で、引退したはずの細川が突然、小泉純一郎元総理の後押しを受け、反原発を掲げて出馬、世間を騒がせたことがある。出馬表明の直後、電話で細川と話し、「勝算は？」と聞くと、例のゆったりとした口調で、「まあ、勝負は勝つ時もあれば、負ける時もありますから」と言われ、なんだか肩透かしを食ったような気分を味わったことも。ただ、後になって考えると、細川はおそらく、勝敗よりも１００年後、２００年後の日本を見据え、原発の危険性をアピールしておきたかったからこその出馬ではないかと思ったが、さてどうだろうか。

　細川は地位や権力に対しては、極めて淡泊だ。総理の座も簡単に捨てるし、政界からの引き際も唐突だし、理解不能だし、鮮やかだった。おそらく彼の中では、時の権力など、一瞬の瞬きに過ぎないという思いがあるのだろう。だが、彼の政治家としての足跡を振り返ると、決断する時、物事を進める時の大胆さは、とても普通の人間が真似できるものではない。

　１９９２年、熊本県知事を退任した細川は、自社両党を軸にした▼**「55年体制」**に終止符を打ち、政権交代可能な保守二大政党制を打ち立てるべきだとして、日本新党を立ち上げる。これがその後の政界流動化のスタートとなるわけだ。文字通り、「たった一人の決起」が、その後の政界を大きく動かしたと言ってもいい。細川を首班とする非自民連立政権の誕生も、細川の日本新党結成という決断がな

▼**「55年体制」**
保守対革新の対決構図

かったら、おそらくは実現していなかっただろう。旧民主党と新進党から分かれた自民党出身の反小沢系グループが立ち上げた民政党との間で、実質的な調整役となって民主党結成を実現させたのも細川だ。ということは、民主党政権の誕生も、もとをたどれば細川の存在に行き着くことになる。

その成否、是非、評価を別にして、細川護煕という男、平成の政治史を「たった一人」で塗り替えたとも言える。ちなみに周囲の人間はみな、ごく自然に彼を「殿」と呼ぶ。

弱

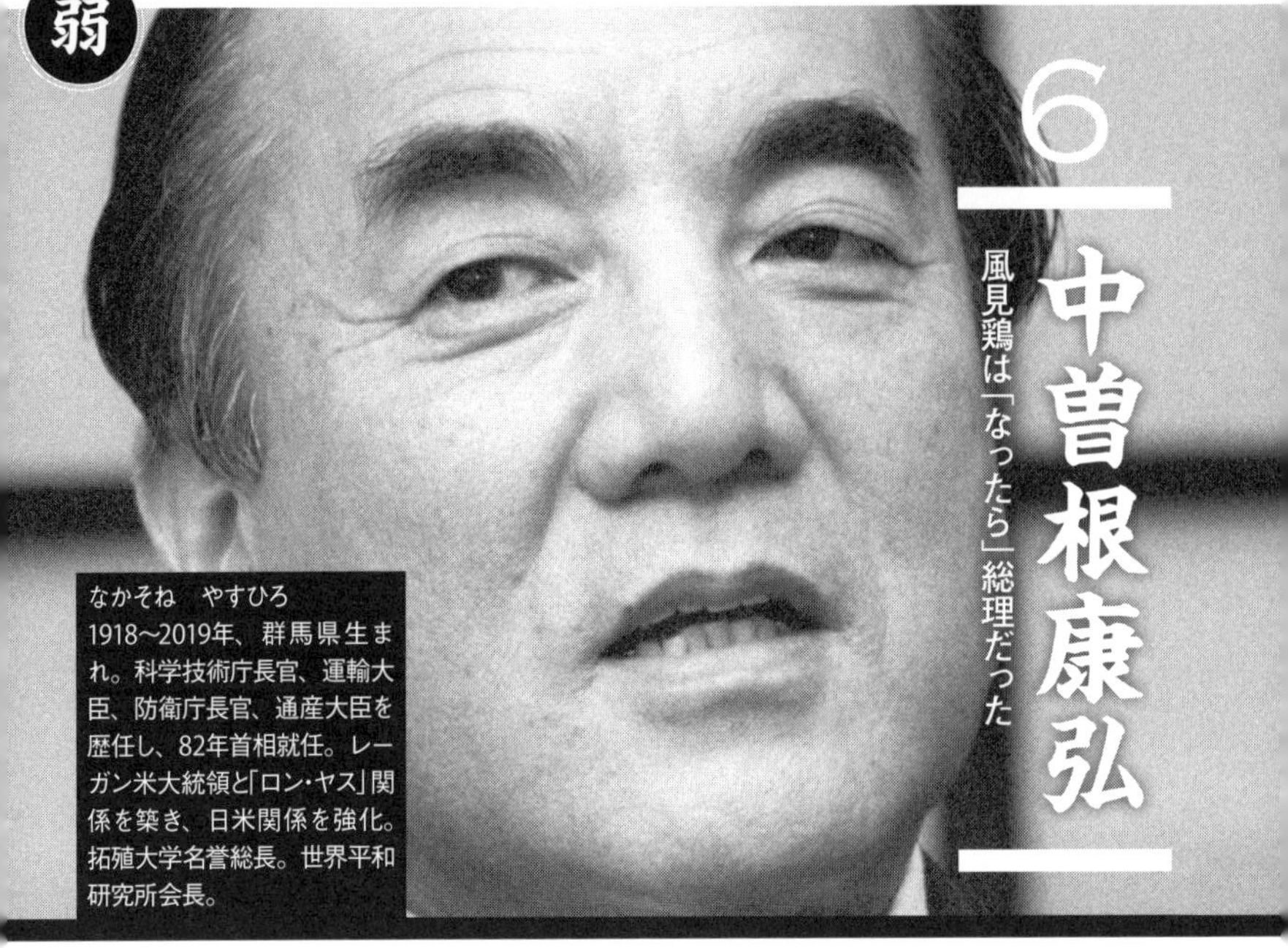

6 中曽根康弘

風見鶏は「なったら」総理だった

なかそね　やすひろ
1918～2019年、群馬県生まれ。科学技術庁長官、運輸大臣、防衛庁長官、通産大臣を歴任し、82年首相就任。レーガン米大統領と「ロン・ヤス」関係を築き、日米関係を強化。拓殖大学名誉総長。世界平和研究所会長。

総理就任後、格を上げた男

「いやー、こんなところでのんびり暮らしたいね」

　ハワイはマウイ島にあるホテルのプールサイド、隣のデッキチェアーに横たわりながら、中曽根康弘総理（当時）がこう呟いたのを聞きながら、「いや、この人はまだまだ生臭い。本気で言っているとは思えないな」と心の中で呟いたことを覚えている。なぜ、ハワイか？

　1986年の「死んだふり

解散」で衆参ダブル選挙を実現させた中曽根は、思惑通り大勝、その「論功」で、特例的に総裁任期の１年延長を手に入れた。その任期が終わる半年ほど前の１９８７年4月29日から5月5日にかけて、中曽根は最後の日米首脳会談のため訪米、たまたま僕も同行したのだが、その帰りのこと。

当時はまだまだのんびりしていたのか、総理が訪米すると、帰りには「時差調整」と称してハワイで１～２泊するのが慣例になっていた。この時も、ワシントンからの帰途、マウイ島の米軍基地に降り立った一行は、街中から離れたリゾート地にある「マウイプリンスホテル」に宿泊し、２日間ほど体を休めた。

到着翌日、することもないのでプールサイドで寝転んでいると、隣のデッキチェアーに中曽根がやってきて、冒頭の一言となったわけ。僕が思った通り、中曽根は総理退陣後も２００３年まで現職の国会議員を務め、「大勲位」と称されるなど、それなりの影響力を維持し続けたことは承知の通り。

総理になるまでの、永田町における中曽根の評価は決して芳しいものではなかった。状況次第での豹変《ひょうへん》をいとわないことから「風見鶏《かざみどり》」と呼ばれ、金銭に纏《まつ》わる疑惑を指摘されたこともあって、一部からは「政界で最も信用できない男」とまで言われたほどだ。だが、総理になってからの中曽根は、それまでとはまったく違う一面を見せ始める。政治家の中には総理になって評価を上げるものと、逆に下げる者がいるが、中曽根は間違いなく前者だったような気がする。

その背景に何があるのか。その理由は、おそらく中曽根が「なったら総理」だったからではないか。

これは勝手な自説だが、総理には「なったら総理」と「なりたい総理」の2種類があるような気がする。「なりたい」は、総理になること自体が目的で、「なったら」は、総理になったら「これをやる」というものを持っている政治家。したがって、「なったら」は、総理になることが目的ではなく、あくまでも自らが目指す政策目標を実現するための手段として位置付けている政治家のことだ。

これは中曽根自身から聞いた話だが、中曽根は国会議員に初当選した直後から、「俺は総理になる」と心に決め、同時に総理になったら、こういう政策を実現したい、こんな政権を作り上げたいと毎日のように考え、それを大学ノートに書き記していたという。で、実際35年後に総理の座についた時、そのノートを引っ張り出してみたら、全部で20数冊になっていたという。

また、中曽根は気に入った文章や本に出合うと、その筆者（著者）に直筆の手紙を送り、親しい関係を築くと、彼らをブレーンに引き込んでいった。それだけの準備を重ねた上で、総理の座に就いたわけだ。だからこそ、国鉄等の民営化や、レーガン米大統領との親密な関係を築くことで、かつてないほど強固な日米関係を構築できたのかもしれない。また、トップダウン型の政治姿勢は「大統領型総理」と呼ばれたが、これも、長い準備期間の中で培ってきた発想の具現化だったのだろう。

　中曽根政権は、発足時よりも退任時の支持率が高いという、きわめて珍しい〝実績〟を残している。総理の座に就いた頃は、当時、「闇将軍」と言われていた田中角栄の後押しで総理の座を手に入れたとみられていたことから「田中曽根内閣」「角影内閣」などと揶揄されていたが、徐々に「田中離れ」を巧妙に進め、田中が脳梗塞で倒れたことで、完全に政権運営の主導権を握った。

　また、中曽根はメディアを強く意識し、うまく使うことで高い支持を得た総理でもある。１９８３年の米・ウイリアムズバーグサミットでの記念撮影の時、強引に割り込んでレーガン大統領の隣に位置を占めたことなどはその典型。この写真を見た多くの国民は「日本も世界の主要国になった」と溜飲を下げつつ、中曽根の評価を上げたはずだ。

　ある時、中曽根は記者を前にこんなことを言っている。

「君たちは菜の花畑の蝶々だ。普段は周りを飛び回って煩《わずらわし》いが、運んでほしい情報を、運んでほしい人にきちんと運んでくれる」

どの記者がどの政治家と親しく、その記者に話をすれば、それがちゃんとその政治家に届く、という意味である。かつて、したたかな政治家は皆、こうした手法で真偽取り混ぜた情報の発信を繰り返していたのである。もちろん、中曽根も。

「三角大福中」の最後の一人だった中曽根も、２０１９年11月に逝った。享年１０１歳。「ひとつ」の時代が完全に幕を閉じた。

弱

7 田中六助

文学を愛した川筋者

たなか　ろくすけ
1923～85年、福岡県生まれ。大平正芳の側近として政権を支え、内閣官房長官就任。その後、30代から糖尿病を患いつつも大臣、自民党政調会長、幹事長を歴任。

神出鬼没のプロ政治家

「君は今、どんな本を読んでるのかね？」

仕事で福岡市内から大分県の日田《ひた》市に向かおうとしていた時のこと。どんないきさつだったかは忘れたが、たまたま同じ日田に向かう田中六助の車に同乗することになった。

当時、田中はすでに自民党の幹部で「荒業」が得意との評判が定着していた一方で、こちらはまだ若造。緊張していると、突然、田中がこんな質問をしてきた。何と答えたかは覚えていない。だが、田中が言った言葉はいまだに覚えている。

「僕は今、辻邦生《つじくにお》を読んでいるんだ。辻は面白いなぁ……」

辻と言えば、フランス文学者であり、かつ『背教者ユリアヌス』などで有名な純文学の泰斗《たいと》である。永田町という汚濁《おだく》に（？）まみれた世界に生き、その中でも策士、戦略家、根回しのプロと言われていた田中と辻の取り合わせが、なんともミスマッチな感じがしたが、同時に田中という政治家の内面に、外面からはうかがい知れない複雑な心理が存在していることがわかったような気がした。

田中は福岡県の田川で生まれ育った。田川は五木寛之《ひろゆき》の有名な小説『青春の門』にも描かれているように、炭鉱の町（筑豊炭田《ちくほうたんでん》）であり、ここを流れる遠賀《おんが》川《がわ》流域に住む人たちは「川筋者《かわすじもの》」と呼ばれ、侠客《きょうかく》あるいは荒くれ者のイメージが強い。田中はまさに、生涯、「川筋者」を通した政治家でもあった。当然、政治手法も「切った張った」が得意中の得意である。

その真骨頂とも言えるのが、１９７０年の「大平クーデター」だろう。

この時の自民党総裁選で3選を目指す佐藤栄作に、池田勇人《はやと》から派閥（宏池会）を引き継いだ前尾繁三郎が挑戦するが、小派閥の三木武夫にも敗れる。ついで、

3選を果たした佐藤栄作が、総裁選後に内閣改造を行い、前尾派を優遇するという約束を反故にした。こうした一連の動きのなかで派内に前尾に対する不満が溜まり、前尾は宏池会の会長から引きずり降ろされ、大平が新たな会長に。その中心で暗躍したのが田中だった。

　さらに、大平が総選挙のさなかに斃《たお》れたあと、後継をめぐり勃発したのが「一・六戦争」だ。もともと派内で対立していた宮沢喜一と田中との間で激しい喧嘩が繰り広げられ、結局、田中が推した鈴木善幸が後継者となる。

　そういえば、こんなことがあった。田中は１９７８年、大平内閣発足に伴って、官房長官に就任する。当時は「院内紙」と言われる政治専門のミニコミや、政治専門の雑誌が数多く存在していたが、田中が官房長官に就任した直後から、これらの新聞や雑誌が一斉に田中攻撃の記事を頻繁に掲載するようになった。たまたま知り合いだった田中の秘書官から相談を受けて調べたところ、意外な事実が明らかになる。

　田中の前任者は安倍晋太郎で、総理は福田赳夫だ。大平はその福田から総理の座を奪ったわけだから、福田、安倍にとっては恨《うら》み骨髄である。で、官房長官の交代に際しても、ほとんど申し送りはなく、官房機密費が入っているはずの金庫も空っぽ。問題だったのは、それまで官房長官が院内紙や政治専門の雑誌に、定期的に配っていた「お手当」の額についても、まったく申し送りなしだったこと。で、田中が「この程度だろう」と配った額が前任者の半額程度だったため、これに怒った連中が田中攻撃を仕掛けていたのである。慌てて前任者並みに戻した途端、攻撃は収まった。

　その後も田中は鈴木内閣、中曽根内閣で政調会長を務めるなど、存在感を示し続けるが、やがて糖尿病が悪化し、白内障のため、新聞の見出しほどに拡大した原稿すら読めなくなる。だが、病床に倒れても田中の抜群の行動力は衰えなかった。ロッキード裁判の渦中にあった田中角栄邸に出入り業者の軽自動車に忍び込んで、隠密裏に会談したり（カルロス・ゴーンみたいにバレることなく）、自民党から飛び出した河野洋平らが結成した新自由クラブとの連立政権樹立を実現したり……。

　政治とは無縁の「布団屋」の三男として生まれ、特攻として飛び立つ寸前に終戦を迎えたことで九死に一生を得る。その後、新聞記者から政界へ転身、ライバルたちとの激しい戦いを潜り抜け、時に奇手奇策を弄しながら、政界全体を動かし続けた。

田中六助、彼を評する時、必ず出てくるのが「川筋者」であり、「侠客」である。だが、それだけの評価で済むような政治家ではない。彼の内面には、もっと複雑で、多面的な人格が内包されていたような気がする。因みに彼は、『職業としての政治』で有名なマックス・ウエーバーの信奉者だった。たぶん、田中が目指し、実践し続けたのは「プロ政治家」だったのではあるまいか。

弱

8 二階俊博

目配り気配り金配り

にかい　としひろ
1939年、和歌山県生まれ。和歌山県議会議員を経て、運輸大臣、経済産業大臣、自民党選挙対策局の初代局長などを歴任。2016年より自民党幹事長。18年、日本体育大学から名誉博士号を授与される。

したたかで老獪で…

「オヤジさん、いよいよ運輸大臣だね」

1998年10月のある日、民主党本部に二階が訪ねてきた。面会の相手は羽田孜幹事長（当時）だ。用件は間近に迫った参議院和歌山選挙区の補欠選挙での応援要請である。

ただこの時、二階が所属する自由党は、民主党との連携、協力体制を反故にして、自民党と連立を組むことがほぼ確定していた時期だった。にもかかわらず、平然と選挙での支援を要請しに来た二階に対し、単純な僕はちょっとばかり反発を感じていた。そこで、二階に同行してきた秘書に、精いっぱいの皮肉を飛ばしたのが、冒頭の一言である。二階はその後、自自連立の実現で、予想通り運輸大臣（現・国土交通大臣）に就任した。

もっとも、今になってみれば、これが二階だ。したたかで、老獪《ろうかい》で、敵とか味方を峻別することに何の意味も感じていない……。

二階を一言で言えば「昭和の政治家」である。かつては二階のようなタイプの政治家が少なくなかった。「権謀術数」という言葉がピタリとあてはまるような政治家が。でも今は、ほとんど消えてしまった。周りにいるのは「普通の人」ばかり。彼らから見れば珍しいし、怖いし、頼りがいがある。存在感が高まるのも当然だろう。

改めて驚くのは、二階の政治家としての「生命力」である。二階は１９９３年、小沢一郎に従って自民党を離党、新生党に参加する。その後も、小沢側近として新進党、自由党で行動をともにしたが、最後には小沢を裏切る形で自由党を分裂させて、保守党を結成、その後自民党に復党する。自民党では、一度離党したのち復党した連中を「前科一犯」と呼び、陰に陽に〝差別〟する。石破茂がいまだに党内での評価が低いのは、彼もまた〝前科一犯〟だからである。

ところが、二階に限っては、復党後、徐々に力をつけ、今や党内第5位の派閥トップに君臨するだけでなく、自民党幹事長として、絶大な権限を擁している。「一強」と言われる安倍総理ですら、その存在を重視し、ある意味で恐れるほどの立場を築いてしまったのが二階という人物だ。二階のような軌跡をたどった政治家は、過去にほとんど例がない。

二階が衆議院議員選挙で初当選を果たしたのは１９８３年。田中派に属していたが、その2年後には竹下登のクーデター、創政会結成に参加しているから、田中との付き合いはそう長くない。だが、その短い期間に、二階は徹底的に田中の政治手法を学んだという。その手法とは、一言で言うと「目配り、気配り、金配り」である。二階は明らかに、今もこれを実践している。

今、二階派は自民党の派閥の中でも、最も派閥らしい派閥と言われている。かつての派閥は「カネと選挙とポスト」をメンバーに与える代わりに、上の命令には絶対服従という「掟《おきて》」があった。だが、選挙制度（衆議院）が中選挙区から小選挙区中心にかわり、まず「選挙」で派閥も出る幕はほとんどなくなった。また、カネの面でも、政治資金規正法の強化が派閥単位の資金集めを難しくしたため、政党交付金に頼る傾向が高まっている。

にもかかわらず、二階派だけは、未だに中選挙区時代の派閥に近い雰囲気を保っている。派閥内では二階の意向が絶対だし、選挙では、自民党の公認を得られない候補でも「二階派所属」なら全面支援する。ポストに関しても「二階派に所属すると出世が早い」と言われ、それを目当てに派閥入りする者がいるほどだ。もっとも、それだけに顔ぶれは玉石混淆《ぎょくせきこんこう》でもあるが。

さらに二階の強みは、全国に張りめぐらされた人脈の広さと太さだ。最近会った自民党のある女性議員が驚嘆していた。

「初めて衆議院選挙に出た時、二階さんが地元の有力者に電話してくれて『今度、うちの子が出るのでよろしく頼む』と言ってくれた途端、それまで冷たかった有力者たちの態度が一変したんですよ」

かつて、「闇将軍」時代の田中角栄が、田中派から総裁（総理）を出さない理由を尋ねられて、こう答えたという。

「総裁候補を立てないからわが派閥は強いんだ。総裁になりたい奴がみんな頼りにしてくるからな」

二階の強みは、自身が総裁を目指さない点にあるのかもしれない。安倍総理の総裁3選への道を開いたことが、今の二階のパワーを支える重要なカギになっているこ とを考えると、妙に納得できる気がする。80歳という高齢で、しかも自派には後継者がいない状況の中で、なお、政局のカギを握り続けようとする二階の狙いはどこにあるのだろう。

「勝ち馬をいち早く見抜き、それに乗るのがうまい」と言われる二階。まだしばらくは二階から目が離せない。

弱

9

武村正義

したたかな「ムーミンパパ」

たけむら　まさよし
1934年、滋賀県生まれ。八日市市長、滋賀県知事を経て衆議院議員に。93年、自民党を離党し、新党さきがけ結党。内閣官房長官、大蔵大臣を歴任。現在は政治評論家。

穏やかな風貌の蔭に大きな野望

「知事って当選回数何回にカウントしてくれるんですかね」

まだ、付き合い始めて間もない頃、彼がそう呟いた時、イメージとのギャップに驚いた。

愛称は「ムーミンパパ」。ふっくらとした体形、優しげな風貌で、確かにムーミンのパパに似ている。外見はおっとりした人の良さそうなタイプの典型。だが、やはり彼も政治家だった。それもかなり上昇志向、権力志向の強い。

当時の自民党は当選回数至上主義。上下関係もポストも、すべての基本は当選回数で決まった。滋賀県知事を経験した上で、衆議院に議席を得ただけに、年齢的にはかなり遅れての中央政界デビュー。遅れてきたものにとって、知事経験をカウントしてもらえれば、出世の階段も短くなる。そんな思いが、この呟きに表れているような気がした。これ以降、僕なりに武村は油断のならない政治家、という思いがつきまとう。実際、その後の武村は「野望の実現」目指して突っ走っていったと言ってもいい。

武村と会ったのは１９８９年。リクルート事件を受けて、自民党内に新設された政治改革委員会で。僕は事務局スタッフ、彼は委員長・後藤田正晴に任命された事務局長だ。当時、武村はまだ当選2回。政治改革を唱える若手議員の集まり「ユートピア政治研究会」の中心的存在で、『永田町下級武士たちの決起』（講談社）を出版するなど、注目の政治家だったが、それまで接触の機会はなかったから、この時が初対面。それから2年以上、ともに仕事をしたが、仕事ぶりは実に熱心だし有能で、知恵者だった印象が強い。

今、各政党が頼りにしている政党交付金制度の創設を言い出したのも、武村だったと記憶している。武村は政治資金のありかたについて「3分割論」を唱えた。政党交付金制度を創設して、政治資金の3分の1を賄《まかな》い、残りの半分を政党が、それ以外を政治家個人が集めるべきだという主張だ。ちなみにその際には政治家に対する企業・団体献金を廃止するというものだったが、未だに「政党支部」という、実質的には政治家個人の資金団体の「隠れ蓑《みの》」を使って、企業・団体献金は生き続けているが。

その後、武村が再び注目を浴びたのが、宮沢（喜一）内閣の不信任案が、小沢ら自民党内の造反で可決された時のこと。この時、小沢らが党を割って出ることは大方が予想していた。だが、これに先手を打つように、自民党を離党、新党を立ち上げた若手グループがいた。それが新党さきがけで、中心人物はもちろん武村だった。党内はもちろん、マスコミにもかぎつけられない中での隠密作戦には、誰もが驚いた。

その後の武村は、日本新党を率いる細川護熙とタッグを組み、非自民連立政権を樹立、細川政権の官房長官に就任する。この時、一部では、武村は細川ではなく、自身が総理の座に就く狙いがあったのでは？　といった見方も流れていた。細川総理が突然、「国民福祉税」の創設を表明、政権内の反発で頓挫《とんざ》した時、支えるはずの官房長官・武村が「過ちを改むるに憚《はばか》ることなかれ」と、突き放した発言をしたことなどをトレースすると、この憶測も、あながち的外れとも言い切れない。細川に対する冷たい対応の裏に、自らが手に入れるはずの総理の椅子を細川に奪われた、という思いが背景にあったような気がするからだ。

　小沢一郎との対立が激化する中、武村は連立政権内で不満を募らせていた社会党（当時）と手を組み、今度は自民党との連立政権樹立に動く。自社さ政権誕生の功労者となった武村は、この村山政権では大蔵大臣（現・財務大臣）の座を手に入れた。次々と政権を〝着替え〟ては、要職を手に入れるという、いわば「離れ業」をいとも容易く実現してしまう手腕には、感心するばかりである。

　そういえば、後年、後藤田正晴と話していた時、「今、武村が来ていた。彼には『君には2度、騙された。今度は確かなんだろうな』と言ったんだ」と言われたことを思い出す。「2度」が何のことだったかは聞きそびれたが、あの後藤田を2度も騙したことだけでも、たいしたものである。ちなみに、武村は自治省に入省する時、学生時代の共産党との関係を問題視されたが、後藤田の「いいじゃないか、面白いやつだ」の一言で合格となったらしい。

　武村の国会議員生活▼はわずか14年。だが、その間、自民党政権→細川非自民連

▼1986〜2000年。

立政権→村山自社さ政権という目まぐるしいほどの変化が起こり、中心にはいつも武村がいた。その是非はともかく、これだけの存在感を示した政治家は、めったにいない。

　勝手な思い込みかもしれないが、「ムーミンパパ」の外見の裏には、大きな「野望」を抱いた政治家・武村正義がいた。

弱

10 野田佳彦

温和な熱血漢

のだ　よしひこ
1957年、千葉県生まれ。松下政経塾第1期生。87年に千葉県議会議員に当選。93年に国政進出。2001年、民主党「次の内閣」行革担当大臣、10年に財務大臣就任。11～12年、首相。

信念は総理の座より重い

「伊藤さん、僕はそんなに頭のいいほうじゃないけど、そこまでバカじゃない。そんなことで政治家なんて務まりませんよ。なんで財務省のために、こんな苦労をする必要がありますか。これは私の信念です」

普段は温厚で笑顔を絶やさない野田だが、この時の真剣で情熱的な物言いには、掛け値なしで「迫力」があった。彼は本気なんだ。政治家として、まさに「政治生命」をかけてもやり遂げようとしているんだ、そう感じたことを覚えている。

僕のメモには「２０１２年1月○○日、午後4時半~5時、公邸で野田と二人、天候は雨、気温11度」とある。この少し前、野田政権は消費税の増税を含む、税と社会保障の一体改革関連法を閣議決定していた。当然だが、増税には反対論が多く、与党・民主党内でも小沢一郎を中心に造反の動きが始まりかけていた頃である。たまたま公邸に呼ばれ、二人だけで1時間ほど話した中で、僕が「消費増税に関しては、野田さんが『財務省に洗脳されている』なんて言われてますね」と言った時の野田の答えがこれだった。

野田はこんなことも言っていた。

「どうして小沢さんたちは私の腹がわからないのか。私は一体改革が成し遂げられれば、いつ辞めてもいいと思っている。総理の座に恋々とするつもりはありません」

誰かに聞かせたい話だ。ついで、野田はこうも言った。

「党内の反対は政策じゃないから、説明しても無駄。相手は自民党だ」

その後、事態は野田の予想通りに動いた。小沢たちのグループ49人は同年7月、民主党を離党し「国民の生活が第一」という珍妙な名前の政党を結成する。離党の表向きの理由は「消費増税反対」だったが、本音は、「増税反対を掲げれば、次の総選挙で議席が確保できる」というところにあったことはほぼ間違いない。だが、実際には大惨敗したことは承知の通り。

「税と社会保障の一体改革」は与党民主党と自民、公明が「近いうちに解散」という野田の発言を受けて8月10日に成立。自民党は9月の総裁選で谷垣（禎一）に代わって安倍が総裁に就任、その安倍と野田との党首討論で、野田が衆議院の定数削減を条件に解散を明言、その結果、行われた総選挙で民主党が惨敗、大勝した自民党が政権に復帰し、今日の「安倍一強」へと続くわけだ。

旧民主党には野田や前原（誠司）など、松下政経塾出身者が多かった。党勢を拡大していく中で、「優秀」な（と思われていた）政経塾出身者が供給源になっていたからだ。ただ、政経塾出身者の多くは似かよった特徴を持っていた。彼らは政策論議が大好きで、〝偏差値〟が高いからか、「情」よりも「理」を重視し、すべてを理屈で割り切ろうとする傾向が強い。また、若くして政治家を目指した連中だからか、政治家として何を成し遂げたいというよりも、「とにかく政治家になりたい」という欲望が勝っているものが多い。

だが、野田は違った。父は自衛官、決して裕福とは言えない家庭に育ち、政経塾卒業後も家庭教師など、様々な仕事の経験を経て県議から国会議員へと進んだという経歴も影響したのかもしれないが、若手時代から、どっしりと腰の据わった政治家といった印象が強い。理屈重視ではなく、「情」を重んじるタイプだ。野田の演説上手は有名で、おそらく今でも政界随一と言ってもいい。同僚議員までが感動で涙する演説ができるのは彼ぐらいのもの。彼の演説には「心」がこもっているからだろう。野田が目指しているもの、それは「穏健保守の結集」だという。その主張は今も変わらない。

確かに野田は結果的に民主党政権、民主党という政党を崩壊に導いた張本人かもしれない。消費増税に踏み込んだことが、その理由だが、民主党は野田以前の鳩山（由紀夫）、菅（直人）という2代の政権で、すでに修復不能状態に陥っていた。おそらく、消費増税がなかったとしても民主党政権は崩壊したに違いない。

確かに落選し、その後も政界への復帰がかなわなかった人たちからすれば、野田は「A級戦犯」かもしれない。だが、角度を変えてみると、それは単なる「民主党問題」にすぎないのでは？　国民にとっては民主党の政治家たちがどうなるかよりも、この日本という国がどうなるかのほうが何十倍も大事なはず。少なくとも野田は民主党政権の延命より、自らの信念である「税と社会保障の一体改革」を、つまりは国家の将来を優先した。巨額の借金を抱え、不正常な国家財政の中で、社会保障システムを維持していく方策として、消費税の比重を高めるという方向性は、選択肢の一つであることは間違いない。

もしかしたら将来、歴史の中で野田の評価は大きく変わるかもしれない。

第三章

微風圧の政治家たち

微

1 鈴木宗男

人たらしは角栄級？

すずき　むねお
1948年、北海道生まれ。新党大地代表。北海道開発庁・沖縄開発庁長官、内閣官房副長官など。

笑顔とおもてなしで、相手の懐に飛び込む

「やあ、皆さん、本当にご苦労さんでした。今日は慰労会やりましょう。『麗水』をとってあるから」

1991年9月30日か、翌10月1日だったと思う。9月30日、海部内閣の下で国会に提出されていた選挙制度改革を含む政治改革関連法案が、党内の反対派の〝謀略〟で、突然、廃案となった。それまで僕たちは約2年間、自民党の政治改革を進めるために設置されたプロジェクトの事務局として、時として週に3日も4日も連続で睡眠2〜3時間という激務に耐え、ようやく法案の国会提出にこぎつけたのに、アッという間に廃案だ。

熱心に取り組んでいた改革推進派の議員たちもそうだったが、僕たち事務局スタッフも茫然《ぼうぜん》自失状態。

事務局の部屋に集まっていたスタッフは、誰もが口を利く気力さえ失って、ただ、天井を見つめるばかり。まさに「お通夜」である。と、そこに入ってきたのが鈴木宗男だった。

彼も推進派議員の一人だったが、実はそれほど熱心だったわけではない。だが、この時、事務局スタッフを気遣って、真っ先に飛び込んできたのが、彼だった。その晩、彼の招待で当時、赤坂のホテルの地下にあった北海道料理の店に集合した我々が、腰が抜けるほど酒を飲んだのは言うまでもない。同時に鈴木の気遣いに対する感謝の念は今も消えていない。

鈴木は時に強引な政治手法を取るし、ダーティーな噂も聞こえてくる。激情型という評価もある。だが、その一方で、彼ほど気配りのできる政治家も、今の政界にはそういない。スケールは違うが、ある意味で、田中角栄の政治手法を受け継ぎ、未だにそれを実践している政治家と言ってもいいだろう。彼を一言で表現すれば「人たらし」となる。

外務官僚と喧嘩する時は違うのだろうが、少なくとも利害関係がない人物に対しては低姿勢でフレンドリー。本当に覚えているのかどうかは別にして、「どうもご無沙汰で」といった感じで、あっという間に相手の懐に飛び込んでしまう。

承知の通り、鈴木は中川一郎の秘書から出発している。その忠勤ぶりは「秘書の鑑」とも評されるほどだ。ちょっと汚い表現だが、「秘書はオヤジのウンコを手でつかめるくらいじゃなきゃ」という名言（?）もある。

毀《き》誉《よ》褒《ほう》貶《へん》は様々だろうが、選挙の際、宣伝カーから体を半分以上乗り出して、支持を訴える姿は、何に対しても「全力投球」という生き方を物語っているような気がする。彼もまた、今の政界には珍しい「奇人」の一人と言っていいだろう。

微

2 伊藤正義

「がんこ山」は無私の人

いとう　まさよし
1913〜94年、福島県生まれ。大平首相の死後、総理大臣代理を務めた。

清廉潔白、きっぱりとした存在感

「伊東さんを説得したけど、ダメだった。あの人は受けないよ」

1989年の春頃、自民党本部の6階にあった政治改革委員会の事務局に顔を出した委員長（当時）の後藤田正晴が、いくぶん、あきれたような口調でこう言った。

伊東正義、あだ名は「がんこ山」。大平正芳とは役人時代からの無二の親友で、空襲で焼け出された時、大平宅に居《い》候《そうろう》をしたこともある。大平が首相の座に就いた時は、官房長官として政権を懸命に支えた。

大平が急逝した後、短期間だったが首相臨時代理を務めたこともある。大平の後を継いだ鈴木善幸政権では外務大臣に就任するが、日米首脳会談を受けた共同声明の解釈をめぐって鈴木と対立し、あっさり辞任する。

とにかく頑固、というか硬骨漢で、地位にも名誉にもまったく関心がないという、政治家としては極めて珍しい人物である。金銭的にも文字通り清廉《せいれん》潔白。東京・世田谷の私邸はトタン屋根でクーラーもないし、地元である会津若松の自宅には風呂もないと言われていた。

その伊東が、永田町の注目を一身に集めることになったのが、「ポスト竹下」の時だ。竹下の辞任に伴う後継者選出問題。リクルート事件で世間から激しい批判を浴びていた自民党は、清廉、清貧を絵に描いたような伊東に白羽の矢を立てた。自民党幹部が何度も説得を試みたが、伊東は首を縦に振らない。親しい関係だった後藤田の説得にも応じなかった。最後には竹下本人が自民党総裁就任を要請するが、これに対しての伊東の答えが、名言として今も多くの政界関係者が記憶にとどめる、「表紙だけ変えても中身が変わらなければダメだ」である。

伊東はこの時、不可能を承知で、自民党幹部全員の議員辞職を求めた。むろん、これは受け入れられず、「伊東総裁」は幻に終わることに。

その後、伊東は後藤田からの要請を受け、政治改革委員会から衣替えした「政治改革推進本部」の本部長に就任、僕の上司となる。以降、感心するくらい生真面目に政治改革に取り組んでいた。当時、改革の本丸だった選挙制度改革をめぐって、連日、フルオープンの会合が開かれ、賛成派と反対派が大激論を繰り広げていた。会合は毎回長時間に亘り、時に反対派から悪口雑言を浴びせられることもあったが、伊東は最初から最後まで席を離れず、辛抱強く説得し続けていたことが印象に残る。

伊東は決して気難しい人物ではない。だが、伊東の前では気軽に冗談が言える雰囲気ではなかったことも事実。とにかくまじめで頑固者だった。でも、そんな不器用で、損得を一切考えない政治家がいたことが、今は懐かしい。

3 宇野宗佑
多芸多才の粋人

うの　そうすけ
1922〜98年、滋賀県生まれ。89年首相に就任するも、女性スキャンダルで短命に終わる。

女で身を滅ぼした首相

「酒と女は2合（号？）まで」

　彼の残した言葉の一つだという。その「2号」だった神楽坂《かぐらざか》の芸妓《げいこ》の告発によって、せっかく手に入れた総理の座を、わずか69日間で手放さなければならなかった。「3本指」は今も永田町の語り草になっている。件の芸妓に愛人話を持ちかけた時、指3本を見せ、「これでどうだ（月30万円）」と言ったことからだと言われている。

　リクルート事件で追い詰められた結果、辞任した竹下の後継として総理の座に就いたが、その直後の参院選挙で大敗、辞任に追い込まれる。この選挙はもともとリクルート事件と消費増税という二つの逆風にさらされていたから、元愛人の告発だけが原因ではなかったが、これが「ダメ押し」になったことは否定できない。おかげで宇野の評判は、決して芳しいものではない。だが、彼には違う一面もあった。

　宇野という政治家は実に多芸多才だった。僕が知っている政治家の中でも、この点は群を抜いていると言ってもいい。小説や歴史書などの著作は10冊以上、俳句は玄人はだしだったし、ピアノやハーモニカもプロ級、剣道は5段で、神戸高等専門学校（現・神戸大学）時代には全国優勝までしている。永田町では珍しい「文武両道の政治家」と評されていた。

　たまたま、僕が自民党のスタッフに採用された時の人事局長だった縁もあって、なぜか可愛がってもらい、彼の行きつけだった銀座のピアノバーにも、何度か連れていかれたことがある。そこでは必ず、宇野のピアノ演奏を聞かされたが、なかなかの腕前だったことを覚えている。

　宇野は初出馬した１９５８年の総選挙で落選した後、河野一郎の秘書となる。よく、当時の思い出話を聞かされたが、中でも印象に残っているのが、電話に纏わること。

「秘書は議員から『おい、○○に電話しろ』と言われたら、いちいち電話帳なんか調べたらだめだ。即座に電話しなければいけない。僕は河野がよく電話する相手の番号を１００以上は完璧に記憶していた」

そうした自身の体験からか、秘書に対しては、傍で見ているのも苦しいくらい厳しく当たっていた。僕が知っているだけでも3人ほどが、精神的に参ってしまい、辞職している。

ただ、なぜか僕には優しかった。よく、文章作成の時、呼ばれて口述筆記をしていたが、「伊藤君はなかなか原稿がうまいね」などと褒められたことも。ただ、そういう時、必ず、秘書に対して、「君らも伊藤君を見習え」などと叱責するのが困りものだったが。加えて言うと、宇野の話は、よく整理されていて、原稿に戻すのがとても楽だったことを覚えている。もっとも、大平ほど中身に味はなかったが。

防衛庁長官、通産大臣、外務大臣など要職を歴任した宇野、実はその評価は決して低くない。多芸多才ぶりは政治の場でも発揮されていた。ただ一点、総理にさえならなければ……。

微

4 古賀誠

スロースピードの凄み

こが　まこと
1940年、福岡県生まれ。運輸大臣、自民党幹事長、宏池会会長などを歴任。2012年政界引退。

強面の反戦・平和主義者

「田中六助さんにはお世話になったんですよ。田中さんが官房長官だった当時の秘書官だった○○さんは今、どうしてるんですかね」

こう話しかけた途端、それまで能面のようだった顔つきが一瞬にして変化、笑みが浮かんだのを見て、「しめた」と思った。

初めて古賀と会ったのは、某テレビ局の控室。現役時代は直接的な接触がなかったため、描いていたイメージは、一言でいうと「強面」であり、田中六助とは師弟関係だったことで、ある意味「川筋者」の系統をひいている、ちょっと〝危ない〟人物だった。

インタビューでもそうだが、テレビ番組で同席し、スムーズなやり取りをするには、事前に相手と何らかの「関係」を築くことが大切だ。そこで思いついたのが田中六助の話を持ち出すことだった。

「田中さんは素晴らしい政治家でした。いろいろと勉強させてもらいましたよ」

このやり取りで、ちょっとだけだったかもしれないが、距離を詰められた気がした。テレビ番組は無事、終了である。

古賀は動きも、話し方も、普通の人間よりかなりゆったりとしている。自分のペースを絶対に崩さないし、感情の起伏がまったくないかのように見える。誰に対しても丁寧な言葉遣いを忘れない。楽しいのか、不愉快なのかが表情からはまったく読み取れない。それらが混然となって、一種独特の「凄み」を生み出している。

古賀は2歳の時、従軍中だった父をフィリピン・レイテ島沖で亡くしている。女手一つで育てられ、大学卒業後、参議院議員の秘書を経て１９８０年に旧福岡3区から出馬、当選し政界デビューを果たした苦労人である。いわば「たたき上げ」の典型と言ってもいい。政界で一定の地位を築いてからは、野中広務と長く師弟関係にあった。古賀は宏池会、野中は経世会と、違う派閥に属していながら。もしかしたら、同じ「たたき上げ」政治家という境遇が、二人を結びつけたのかもしれない。
「ポスト安倍」をめぐる動きの中で、幹事長の二階が「令和《れいわ》おじさん」として一躍脚光を浴び始めた菅儀偉に対し、「十分、ポスト安倍の資格がある」と言い出し、古賀もまたテレビ番組の中で「菅官房長官がポスト安倍候補の一人であることは間違いない」と述べた上で、自身が派閥会長の座を譲った岸田文雄に対し、「必ずしもポスト安倍でなければいけないということではない」と言ったことが一時期、政界をザワつかせたが、二階も古賀も、さらに菅も、今の自民党では少なくなった「たたき上げ」政治家である。

古賀は長らく遺族会の会長を務め、靖国参拝にも積極的だったが、その一方ではA級戦犯の合祀《ごうし》を批判するなど、複雑な対応を見せてきた。ただ、その背景には強烈な反戦、平和主義があることは間違いない。

きっと、古賀は「今の永田町は『戦争を知らない子どもたち』ばかりになってしまった」という思い、危惧を抱いているはずだ。

微

5 笹川 堯

明朗快活、豪快無比

ささがわ　たかし
1935年、東京都生まれ。森改造内閣で国務大臣、科学技術政策担当大臣などを歴任。

誰の恨みも買わない、暴れん坊

「自民党で、俺の悪口を言う奴は一人もいないよ」

たぶん、そうだと思う。思ったことをズバズバ言うし、党の方針にも平気で異論を唱える。でも、なぜか嫌われない。それは多分、腹に一物もないからだろうし、そのさっぱりとして豪快な性格にもよるのだろう。

父は言うまでもなく、あの笹川良一氏である。ただし、いわゆる2世議員ではない。良一氏も戦後の一時期、国会議員を務めていたが、選挙区は大阪。彼は群馬で、しかも初出馬は良一氏が議員を辞めてから26年後だ。初当選は3回目の挑戦で実現している。

とにかく明るくて面白い。豪放磊落《ごうほうらいらく》を絵に描いたような人物である。その上、面倒見がいい。石破茂が自民党総裁選に出馬すれば応援し、小池百合子が東京都知事選に出馬すれば、「小池を頼む」と友人、知人に電話をかけまくる。そこに損得などまったくない。

１９９０年代初め頃のこと。当時、自民党の若手議員の間では「笹川を探せ」という〝ゲーム〟（？）が流行っていた。酒を飲まないくせに、笹川は銀座に何軒か行きつけのクラブがあった。銀座に繰り出した若手議員たちは、「笹川さん、今日はどの店にいるだろう」と探して歩く。運よく見つけると、タダで飲めるからだ。もちろん、笹川の奢りで。

２００９年の総選挙直前、笹川と食事していた時、彼がいきなり「ハーレーを買ったから、選挙が終わったら、ツーリングに行こう」と言い出した。「総選挙があるのに、そんなことやっていていいんですか」と言うと、彼が一言、「いいんだよ。どうせ落選するから」

ちなみに、ツーリングの計画は実現しないまま今日に至っている。本人は怒るかもしれないが、その時、同席していたバイク仲間のジャーナリストと、「笹川さんの御守は大変だよな」と言い合ったっけ。

選挙の結果は本人の予想通り落選し、引退となる。もっとも、その後、突然、２０１２年の東京都知事選に出馬して周りを驚かせた。「なんで？」と聞くと、

「暇だから」である。

彼はクルマ好きでも有名だ。確か、紫色のベントレーで永田町に現れて、みんなを唖然《あぜん》とさせたこともある。雑談の中でクルマの話になった時、彼が「もう、クルマも飽きてきてな。みんな人にあげちゃったんだ」と言うので、「じゃあ、今は何台くらい残ってるんですか？」と聞いた時の彼の答えは、

「うーん、7〜8台かな」

確かに彼は資産家、大金持ちである。生まれた家のおかげもあるだろう。だが、こんな話をされても、それがまったく嫌味に聞こえないのは、やはり人柄か。彼と相対していると、風圧を感じる、というよりは豪快な、それでいて爽《さわ》やかな突風にさらされているような気がしてくる。

微

6 山中貞則

「税の神様」と呼ばれた奇人

やまなか　さだのり
1921〜2004年、鹿児島県生まれ。長年にわたり自民党税制調査会の会長を務めた。

小泉元首相も一目置いた「本物」の変人

「俺が炎天下で演説してるのに、お前らはなんで日陰に入って聞いてるんだ。こっちに出てこい」

東京では「センセイ」と呼ばれ、ふんぞり返っていても、地元に帰ると笑顔を振りまき、米つきバッタのように頭を下げて回るのが、普通の政治家だ。なのに、自身が出馬している総選挙で、こんなことを地元の有権者に向かって言い放つことができるなんて、常識では考えられない。でも、これは実話である。

山中貞則は、文字通り奇人・変人の典型だった。かつては自民党にも、タイプこそ違え、山中のような奇人や変人が少なくなかった。そんな中でも飛びぬけていたのが山中ではあるまいか。

県議会議員出身の山中が、初めて県議選に出馬した時、「民族再建」という幟《のぼり》を掲げ、馬に跨《またが》って街宣活動をしたのは有名な話だ。筋金入りの「国士」だったが、国会議員となって以降は、ひたすら税制に取り組み、自民党税制調査会に君臨、ついに「税の神様」「税調のドン」などと呼ばれるまでになる。安倍政権になって以降、税制は官邸主導、政府税調中心に改正が行われるようになり、党税調はすっかり影が薄くなってしまった。だが、山中が党税調を牛耳っていた頃はまったく逆。総理が誰であろうと、税制に関しては党税調の方針が絶対という時代が長く続いた。

税制にまつわる山中の逸話、語録は数えきれない。政府税調と意見が対立、「政府税調の軽視では？」と聞かれたことに「軽視ではない。無視している」と答えた話は有名だ。消費税導入にも積極的に取り組み、党税調での議論開始にあたって、「これから消費税の議論を開始する。全員落選の覚悟で取り組め」と宣言……。

実際、１９９０年の総選挙、山中は前年に導入された消費税への反発が渦巻く中、その必要性を訴え続けたことが災いして落選している。だが、１９９３年の総選挙での復帰後、そのことがかえって評価を高めることになり、その後も長く、党税調の最高顧問として影響力を維持し続ける。あの「変人総理」である小泉が絶頂期の時でも、税制に関しては山中の了解を得るために、たびたび足を運んでいたというから、そのパワーの凄さがうかがえるだろう。

晩年、山中は糖尿病を患い、歩くのにステッキが必要になった。だが、そのステッキは時として〝凶器〟になる。マスコミの取材が気に入らない時など、突然、ステッキを振り回すから危なくて仕方がない。実は僕も一度、たまたまそばにいて、危うくその一撃を食らいそうになったことがある。

山中は確かに奇人だった。だが、信念を貫き、ひたすら勉強することで大蔵省（現・財務省）の専門家が束になってもかなわないほどの税制のプロとなり、彼なりの信念で、時に損を覚悟してもあるべき税の姿を追求し続けた。こんな奇人がいてもいい。

遺言は「山中家から後継者を出してはならん」だった。

7 上田清司

小泉も恐れた最強の選挙術

うえだ　きよし
1948年、福岡県生まれ。民主党「次の内閣」行革担当大臣などを経て、前埼玉県知事。参議院議員。

〝現役〟であり続けることへの強烈な執念

「俺は誰が相手でも選挙には負けないけど、上田とだけはやりたくない」

かつて、現役時代の小泉純一郎がこう言ったという話を聞いたことがある。「上田」というのは前・埼玉県知事で、現参議院議員の上田清司のことである。選挙では抜群の強さを誇った小泉が、なぜ、そこまで上田を〝評価〟したのか。それは上田が類まれな選挙上手だからである。

上田は衆議院議員を3期務めた後、埼玉県知事に転身したが、衆議院選挙で初当選するまで、実に落選すること4回、めげずに挑戦し続け、やっと5回目で念願の衆議院議員のバッジを手にした苦労人である。だが、彼はただ漫然と落選を重ねているわけではなかった。その間、どうしたら選挙に勝てるかを徹底的に考え、学び、実践していく中で、誰もが羨むほどの選挙強者になっていったのである。

「上田流選挙」とは何か。例えば、彼は町を歩いていて、5人以上集まっているところを見ると、呼ばれもしていないのに、そこに入り込んで、追い出されるまで名刺を配ったという。映画館では、自分で自分を呼び出した。「上田清司様、お友達がお待ちです」という具合に。そうすることで、自分の名前を一人でも多くの人に覚えてもらおうという作戦だ。あるいは、最近の候補者の中には駅前で配る名刺を三つ折りにし、内側に政策や主張、略歴などを載せる者も少なくないが、これを最初にやったのも、おそらくは上田だろう。

ある時、「なぜ、ビラじゃなく名刺なの？」と聞いたことがある。彼の答えはこうだ。

「ビラだと、邪魔になるから電車に乗る前に捨てられる。でも名刺なら、とりあえずポケットに入れてくれるし、車内で暇だったら見てくれるから」

ついでに、「毎回、同じ名刺を配っていたら、みんな受け取らなくなるんじゃない？」と聞くと、「いや、内側の文章をほんのちょっとだけ書き換えるんだ。で、『新しくなりましたから』と言えば、受け取ってくれるからね」だと。

加えて言えば、彼は衆議院議員になって以降、秘書たちを地元の市議や県議に多数送り出し、それが自身の選挙の時に「上田軍団」と言っていいほどの働きを示すという。

ただし、上田は選挙に強いだけじゃない。政策にも明るいし、民主党の衆議院議員時代、国会での質問回数は党内で一、二を争うほどだったという事実は、彼の熱心さの表れだろう。とはいえ、彼の、政治家であり続けたいという思いと職務に取り組む姿勢、情熱、凄まじいまでの「執念」には、脱帽するしかない。

8 中川一郎

「北海のヒグマ」は繊細だった

なかがわ　いちろう
1925〜83年、北海道生まれ。農林大臣、農林水産大臣、科学技術庁長官などを歴任。

豪快な外見とナイーブな内面と

「この人は、外見とまったく正反対の人なんだ」

　インタビューを終えて帰る道すがら、そう強く確信したことが今も忘れられない。彼が自死（？）したことを聞いた瞬間、この時の思いが蘇ってきた。

「北海のヒグマ」と呼ばれた中川、見た目も武骨《ぶこつ》そのもの。（地元ではジャガイモとも呼ばれていた）。豪放磊落で酒も喧嘩も強いし、強烈な反共主義者……、まさに「骨太」を絵に描いたような政治家、というのが定着した評価だった。石原慎太郎ら党内のタカ派で結成された「青嵐会《せいらんかい》」でも中心的存在だったから、荒っぽくて横柄《おうへい》で、扱いづらい人物なんじゃないか、そんなイメージを抱くのも無理はない。

　だから、初めてインタビューすることになった時、ちょっとビビったのは間違いない。でも、いざ、インタビューを始めると、そうしたイメージが一挙に覆《くつがえ》った。とにかく、彼は質問にじっと耳を傾ける。で、少し時間を置いてから答え始めるのだが、その答えというのが、こちらの質問の範囲内にピタリと収まる。質問から逸れることも、余計なことも一切言わない。

　多くの政治家をインタビューした経験から、彼らの内面を探り当てることには多少の自信があった。それだけに、「あぁ、この人、実はものすごく繊細で、緻密な神経の持ち主なんだな」と確信するとともに、広く浸透している評価とのギャップに、ある種の驚きを感じたことは、はっきりと覚えている。

　１９８２年の自民党総裁選、中川は田中角栄から、「池の鯉《こい》は跳ねてもいいが、また池に落ちるとは限らんよ。ワシが通りかかったら池に戻してやるが、誰も来なかったら干乾しになるぞ」などと脅されながらも立候補したが、最下位で落選、その後、自民党内では「中川が最近、ちょっとおかしい」という噂が流れ始めたのを覚えている。

　翌83年1月、中川は札幌のホテルのバスルームで亡くなる。その死をめぐっては、未だに「怪死」という言葉がつきまとっている。「あの豪快な性格の中川が自殺などするはずがない」というのが、その最大の根拠らしい。

だが僕自身は、中川の死を聞いた途端、「たぶん、自殺ではないか」との思いが即座に浮かんできた。もちろん、真相は藪の中かもしれないし、自殺だとしても、そこまで彼を追い込んだ理由がなんだったのかは不明だ。

ただ、繊細で完璧主義の人間は、得てして鬱《うつ》状態に陥りやすいこと、そこまで追い込む原因が必ずしも大きなストレスとは限らないことは知っている。外見に「風圧」をまといながら、内には細やかな神経を秘めている政治家も少なくない。そのギャップが、時に不幸な結果を招くこともあるのでは……。

9 渡部恒三

「東北のケネデー」から「平成の黄門」へ

わたべ　こうぞう
1932年、福島県生まれ。衆議院副議長、民主党国対委員長、民主党最高顧問を歴任。

武器は「身近なおじさん」的な親近感

「東北のケネデー」。若かりし頃のキャッチフレーズだ。福島出身、多少の訛りはご愛敬か。

いつも頭はボサボサで、スーツの襟にはフケが溜まっていた。衆議院第一議員会館の地下にある理髪店のおばちゃんが、「恒三は嫌い。フケがすごいんだもん」と呟いていたことを思い出す。茫洋とした風貌、いつも穏やかな表情を崩さない。だが、彼もまた、「竹下派7奉行」の一人に列せられていたという事実は、その外見だけで判断してはいけない、ということを意味している。

小沢一郎らとともに新生党、新進党と歩み、新進党時代の１９９６年には衆議院副議長に就任、新進党解党後はどの政党にも所属せず、野党寄りでありながら自民党とも微妙な距離感を保つという「技」も見せた。２０００年の副議長再任問題では、野党が推した候補に対し、自民党が渡部を推すという事態も。このあたりの「したたかさ」はなかなかのものである。

民主党に入った後の２００６年、例のホリエモン絡みの偽メール事件が起きると、大ベテランでありながら国対委員長に就任。これには自民党も驚いたが、そのソフトな人柄と自民党にも広がる人脈が生きたためか、民主党の〝被害〟を最小限に抑え込んだ。この頃ついた異名が「平成の黄門」だ。

民主党時代は岡田克也、前原誠司、野田佳彦など中堅を「竹下派７奉行」になぞらえて「民主党７奉行」に指名、定期的に会合を持つなど、後進の育成にも力を注いだ。

そういえば、１９８７年４月、中曽根総理（当時）が最後の日米首脳会談で訪米した時、渡部は随行議員団長、僕は随行員で同行し帰路、ハワイのマウイ島で「時差調整」と称して、しばしの休息をとったことがある。別にやることもないので、よく渡部と雑談をしていた。その時、渡部がこんなことを言っていたのを思い出す。

「企業からカネをもらう時は気をつけねえとだめだ。頼み事がある時だけドカンとカネ持ってくる奴は危ねえぞ。商社なんかがそれだ。だから、カネを集めようと思ったら、長い付き合いをしないとだめだ。後援会の会員になってもらうとか」

　とぼけたおじさんだけど、おさえるところはちゃんとおさえているんだ、そんな思いを抱いたっけ。

　渡部は、おそらく「竹下派7奉行」の中でも、最も目立たない政治家だったと思う。真ん中には座らない。総理の座を狙うような気も、そぶりも見せない。だが、フワッとしながら、そこにいるだけで周りを落ち着かせる。何かがあると、どこからともなく「恒三さんに聞いてみるか」という声があがることもしばしばだった。

　不思議な、そして独特の魅力を持った政治家。こんな政治家、今の政界にはまったく見当たらない。

微

10 浜田幸一

暴れん坊なのに寂しがり屋

はまだ　こういち
1928〜2012年、千葉県生まれ。衆議院予算委員長、自民党副幹事長などを歴任後、タレントとしても活躍。

ハマコーの魔法の財布

むしろ「ハマコー」と呼んだほうが、通りがいいかもしれない。とにかく、「迫力」はいまだに、戦後政治史の中でナンバーワンと言ってもいいだろう。

といっても、「政治家として」というよりは、その生い立ち（?）によるところが大きいかもしれないが。本人も認めていたように、彼は若い頃「やくざ」の世界に足を踏み入れていた。喧嘩に巻き込まれ、人を刺して刑務所暮らしをしたこともある。そんな経歴の政治家、他にはいない。

「政界の暴れん坊」と呼ばれ、ラスベガスのカジノで4億6000万円すったり、衆議院の予算委員長時代に、共産党の宮本顕治元委員長を「人殺し」と言い放ってクビになったり。でも、なぜか「ハマコー」の愛称で、誰からも一目置かれ、

「憎めない奴」と思われ、妙に愛された。

絶頂期の金丸信の「押しかけ用心棒」だったこともある。当時、金丸は「何とかとハサミだ。あれはあれで使いようがある」と評していたとか。そういえば竹下登幹事長時代も「副幹事長兼ボディーガード」を自称していたっけ。

僕が自民党の機関紙記者だった頃、ハマコーが広報委員長として、やってきた。とにかく「御守」が大変。寂しがり屋で、すぐにスタッフを呼びつけ、あれこれと指示を出すのだが、その中身が無茶苦茶。僕は下っ端だったからまだよかったが、幹部スタッフは振り回されっぱなしだったことを思い出す。

当時、有名だったのが「ハマコーの魔法の財布」である。強面のハマコーだったが、実は下戸《げこ》（酒が飲めない）で、健康志向（？）だったのか、趣味はジョギング（散歩？）。

夕刻になると、よく宿舎があった赤坂周辺をジョギングウエアー姿で歩き回っていた。ジョギングウエアーだから、そんなに大きなものを入れるポケットがついているわけじゃない。ところが、知り合いの党本部スタッフなどと出会うと、どこからともなく、分厚い財布を取り出して、「これで一杯やれ」と小遣いを渡していた。

当然、スタッフの間では「ハマコーさんと出会わないかな」といった密かな期待感も。僕も上司と歩いていた時、一度、出会ったことがある。確か3万円だったか。その後、上司と飲んで、支払いは1万円ほど、残りがどこに行ったかは知らない。

「ハマコーのネクタイ」も有名だった。地元で知り合いに会うと、「おう、そのネクタイいいな。俺のと交換しよう」とやる。もらったほうは「ハマコーさんのネクタイをもらった」と感激。でも、ハマコーのクルマの中には大量の安物のネクタイが常備されていたとか。交換したネクタイはポイ捨て？

確かに、いろいろと物議をかもした人物だったことは間違いない。だが、なぜだか時々、懐かしさとともに思い浮かべる政治家であることもまた間違いない。

第四章

逆風圧の政治家たち

逆 1

小泉純一郎

人気は抜群、でも……

こいずみ　じゅんいちろう
1942年、神奈川県生まれ。2001〜06年首相。東日本大震災後は脱原発派として活動。

「天才花火師」が残したものとは

「こんな改革なんて『無精卵』みたいなもんだ。いくら温めたってヒヨコは孵《かえ》らねえんだよ」

１９９０年頃だった。

当時自民党では、政治改革、というか選挙制度改革を巡って、賛成派と反対派が連日、白熱の議論を展開していた。その中で、反対派の急先鋒だったのが、小泉純一郎元総理である。

印象に残っているのは、かなり品のないたとえ話をすることと、年長、目上の人たちに対しても、いわゆる「タメ口」を利くことだった。

変わった人だな、というのが当時の思い。その「変人」はその後、突然、巻き起こった「小泉・眞紀子（田中）」ブームに乗って総理の座を射止め、約5年半にわたって高い支持率のもと、政権を維持した。その人気ぶりは今も健在。各種の調査でも「歴代総理の人気度」で、常に一、二を争うほどだ。

ただ僕は、彼が総理の座に就いた直後から、「天才花火師」と呼んでいた。「自民党をぶっ壊す」が象徴する、歯切れのいいワンフレーズや派手なパフォーマンスは、まさに豪華絢爛の仕掛け花火。観衆（国民）は極彩色の花火が打ち上げられるたびに、拍手喝采した。でも、花火は一瞬の芸術。花火大会が終わった後に残るのは、漆黒の闇と灰の山ではないのか。

小泉は平成の約30年で、現職の安倍を除くと最も長期にわたって政権の座にあった。では、その政権下の実績は何だったのか。おそらく、多くの人は「▼**郵政民営化**」と答えるだろうが、その結果、何がもたらされたのか。確かに見た目の公務員の大幅削減は実現したが、もともと郵政事業は独立採算だったから、経費（人件費）は一銭も減ったわけではない。民営化したことによって▼**郵政3事業**のサービスが劇的に向上した、という話も聞いたことがない。敢えて、実績と言えるのは、北朝鮮による拉致被害者の一部奪還くらいだろう。

野党の自壊現象にも助けられているとはいえ、自民党はぶっ壊れるどころか、以前にもまして強力な政党となっている。「ぶっ壊」されたのは、小泉が宿敵と見定めていた旧田中派系の派閥（現・竹下派）くらいではないか。では「聖域なき

▼郵政民営化
国営で行われていた郵便事業に関わる行政を民間企業に改編すること。郵政民営化は小泉内閣の重要政策のひとつだった。

▼郵政3事業
郵便・簡易保険・郵便貯金

構造改革」はいったいどうなったのか。

はっきりしているのは、貧富の格差が拡大し、小泉政権下で一挙に増大した非正規労働者が今、「アンダークラス」と呼ばれる貧困層として固定化されていること。多くの金融機関が二束三文で外資に売り飛ばされ、パソコン事業が象徴するように、日本の製造業が急速に弱体化していったことなどしか思いつかない。さらに言えば、有権者は拍手喝采したが、郵政選挙で反対派を切り捨てたことによって、多くの有能な人材が離党、落選し、結果的に自民党という政党の質の大幅な低下を招いていることも大きい。

小泉政治とは何だったのか、そろそろ改めて検証してみる時期に来ているのではないだろうか。花火大会の代償は大きいかもしれない。

逆 2 小池百合子

ジャンヌ・ダルクになり損ねた女

こいけ　ゆりこ
1952年、兵庫県生まれ。ニュースキャスターを経て政界進出。2016年より東京都知事。

男気を兼ね備えたギャンブラー

自民党は、小池百合子東京都知事に足を向けて寝られないはずである。なにしろ、ほんの一瞬とはいえ、爆発的注目を集めた希望の党を立ち上げ、わずかながら政権の牙城を崩す可能性を秘めていた民進党を排除の論理で分裂・解体させたのだから。野党は当分の間、立ち直れないくらいのダメージを受けた。「安倍一強」を支えているのは、もしかしたら政治史上もっとも非力になってしまった野党なのかもしれない。

もしも、あの希望の党騒ぎが、秘かに仕組まれた「野党弱体化戦略」だったとしたら、政治史に残る名作戦かもしれない。自民党の二階幹事長が小池の知事再選を唱えるのも、その〝恩返し〟ではないだろうか？

という冗談はさておき、「男性社会」と言われる日本の政界にあって、小池はある意味で、大きな足跡を印《しる》した数少ない女性政治家の一人かもしれない、その功罪は別にして。彼女の強みはなんといっても「発信力」の高さであり、自己演出能力の巧みさではないか。さらに言えば、その学習能力もなかなかのものである。

かつて、雑誌の取材で小池百合子論を書く中で気づいたことがある。彼女は確かに女性だが、実は内面を探っていくと「男」が見えてくる。「男」だからこそ、相手の男に埋没することなく、自らの「女」を武器にできるのではないか、という思いからである。すでに周知の事実だが、政治家・小池の足跡を辿ると、そこには必ず、時の権力者、実力者に寄り添う姿が現れる。政界進出時は細川護熙に、やがて小沢一郎に、そして小泉純一郎に、で今は二階俊博……。

しかし彼女は、単に寄り添うだけではなかった。実は、彼らからしっかりと学習してきているのである。

東京都知事選の時、都議会自民党という〝巨大な敵〟に立ち向かうジャンヌ・ダルクという図式を作り出し、一挙に「小池劇場」を立ち上げてメディアを席巻したことは記憶に新しいが、これは言ってみれば、小泉から学んだ手法だろう。「敵」をつくり、それに立ち向かう姿を見せることで観客（国民）を熱狂させるという、あの手法である。また、知事選の時、「▼**崖《がけ》から飛び降りる**」という言葉を使うことで話題を集めたが、この言葉は小沢一郎直伝だという。これは小池本人が言っていたことだが、小沢からは「風が吹かないときは、崖から飛び降りることで、自ら風を起こせ」という意味だと教えられたとか。

　小池が女性初の総理を目指していたことは間違いないだろう。そのため、小池はこれまで、思い切ったギャンブルに打って出て、それを成功させてきた。政界進出も、政党の乗り換えも、郵政選挙で刺客第一号を名乗り出たのも、さらには都知事選立候補も。でも、もしかしたら「最後の詰め」で勝負勘が鈍ったのでは？　希望の党を立ち上げた時、都知事の座をなげうってでも、自ら国政進出を果たしていたら……。

　ただ一つ、小池からパフォーマンスではない、本当の意味での政策、ビジョンを聞いたことは一度もない。

▼崖から飛び降りる
２０１６年6月、東京都知事選の立候補表明の際に「都政の信頼回復、停滞の解消、課題の解決、希望あふれる首都東京の構築のため、崖から飛び降りる覚悟で挑戦したい」と述べた。

逆

3 森 喜朗

密室で誕生した総理

もり　よしろう
1937年、石川県生まれ。2000～01年首相。現在、東京オリンピック・パラリンピック組織委員会会長など。

相手によって態度を変える巧みな遊泳術

もう10年ほど前のこと。確か北陸新幹線だったと思う。早めに東京駅に着いたので、清掃が終わってドアが開いた直後に列車に乗り込んだ。出発までまだ時間があったので、バッグから文庫本を取り出し、読み始める。すると、発車直前になって相撲取りのような体格の男が3人、ドカドカと乗り込んできたのが、目の端に見えた。列車が動き出したので、本を閉じてふと横を見ると、通路を挟んだ真横の席に森喜朗が座っている。相撲取り風の3人は森とSPだったのだ。目が合ったので、しかたなく「お久しぶりです」と挨拶すると、いきなり森が話しかけてきた。

「いや、政党事務局にいただけあって、さすがに分析が鋭いね。あなたの書いたものはよく読んでいるけど、感心するよ」

なんとも気持ち悪いほどの〝よいしょ〟である。心の中では「どうせ、僕が書いたものなんて読んでいないくせに」と思いつつ、「お褒めいただきまして恐縮です」と答えながら、あぁ、これが「森流人たらし術」なんだな、と合点がいった。それにしても総理まで上り詰めた人間なのに、相手が目上だったり、利用できる奴だと思ったりすると、こうまで遜《へりくだ》れるのかと、半ば感心したのも事実である。

そういえば、民主党の事務局長時代、新聞各社の論説委員と月に一度、食事会を持っていたが、森政権の末期頃、僕が森政権批判をすると、その中の数人が、しきりに森を弁護する。不思議に思って、その中の一人に、「なんでそんなに森を擁護するの？」と聞くと、彼はこう答えた。

「だって森さんは僕が入院していた時、わざわざ見舞いに来てくれたんだぜ」

彼の気配りはそれなりの効果を上げていたわけだ。

でも、僕は森のまったく違う一面も知っている。細川非自民連立政権の誕生で自民党が野党に転落した１９９３年、森は自民党幹事長だった。当時、事務局幹部が幹事長を囲んで食事をする機会が何度かあり、僕も末席で参加していたが、この時の森の部下に対する傲慢不遜な態度、見ていて恥ずかしいくらいの「ゴマすり」にも大喜びするその神経に、驚くほかなかったことを覚えている。森は、相手の立場によって豹変する。

▼**小渕恵三**の急死を受け、密室の談合で総理の座を手に入れたものの、「落第」だったことは誰もが認めるところだろう。だが、森はその後も政界に一定の影響力を保持し、今や「五輪の顔」とまで言われる存在となっている。その背景に何があるのか。思いつくことといえば、人を取り込む才覚、言い換えると類《たぐい》まれなる〝よいしょ能力〟が、その背景にあるのかもしれない。森が総理になれる日本政治の構造は、格好の研究テーマのような気がするのだが……。

▼**小渕恵三**
1998～2000年、第84代内閣総理大臣。在任中に脳梗塞を発症し、突然逝去。

ほその　ごうし
1971年、京都府生まれ。環境大臣、総理補佐官、原発事故担当大臣などを歴任。

逆

4 細野豪志

政治家より政治屋を選んだ？

八方美人は気の毒な男

「三権の長を経験した方は（合流を）遠慮していただく」

　隣の席に座っていた細野豪志がこう発言した時、あまりの驚きで、しばらく言葉が出なかった。たしか、２０１７年9月末だった。彼が初めて希望の党への民進党議員の合流に関して「排除」を口にしたのは、おそらく僕も出演していたあるＢＳの討論番組でのこと。

　真面目（?）な政治家なら誰しも、自身が目指す政治、政策を実現したいと思う。だが、野党である限り、その可能性はほとんどない。本来、国会の役割は、提政府提案であろうが議員提案であろうが、その法案が完璧なものは別として、提出された段階で与野党の別なく真摯《しんし》に議論し、修正すべき点は修正し、より良いものにして送り出すことだ。だが、現実には野党が提出した法案など、一顧だにされない。与党は野党からの修正要求などほぼ無視、数の力で原案通り成立させるというのが現状だ。

つまり、自身の政策を実現するためには与党に籍を置くことが最低条件になる。おそらく、過去にも野党から与党に鞍替えした政治家の中には、そうした思いを抱いた人たちもいたはずだ。それにしても、あるいはもしそうだとしても、彼の場合「驚き」を禁じ得ない。

細野豪志。民主党時代は常に「将来のリーダー」と目され、陽の当たるポジションに就き続けた。

民主党政権時代はある意味、「政権の看板」でもあった。彼は民進党内で、自ら派閥を率いていたにもかかわらず、さっさと離党、希望の党の結党メンバーとなる。が、承知の通り、希望の党は小池の「排除します」発言を契機に失速。その後、希望の党と民進党が合流、国民民主党を結成したが、これには参加せず（できず?）、無所属となっていた。ところが２０１９年１月、突然、無所属のまま自民党二階派に客員会員として入会し、世間を「あっ」と言わせた。次の総選挙で当選すれば、彼は自民党議員となるのだろう。「見事な転身」と言うしかない。

その後、彼が派閥会長である二階俊博の前で、「二階先生の手となり足となり」と発言している姿を見て、なんだかとっても悲しい気分になってしまった。もう一つ、彼が総選挙後に、「排除」した野田佳彦に「発言は上からの指示でやむを得ず」と謝罪したことも忘れられない。政治家は「言い訳」したらアウトである。

もともと細野は民主党内で「八方美人」と言われ、誰にでも器用に取り入る分、決断力に欠けると見られていた。ところが、この「決断」ぶり、どう贔屓《ひいき》目に見ても、政治家として自身の政治目標達成のためとは思えない。それほど国会議員で居続けることが大事で、そのためなら思想・理念も、ともに戦った仲間も平然と投げ捨てることができるのかと思うと、なんだか、とっても可哀そうな人物に見えてきた。政界の〝格言〟めいた言葉のひとつに、こんなのがある。

「政治家は次の時代を考え、政治屋は次の選挙を考える」

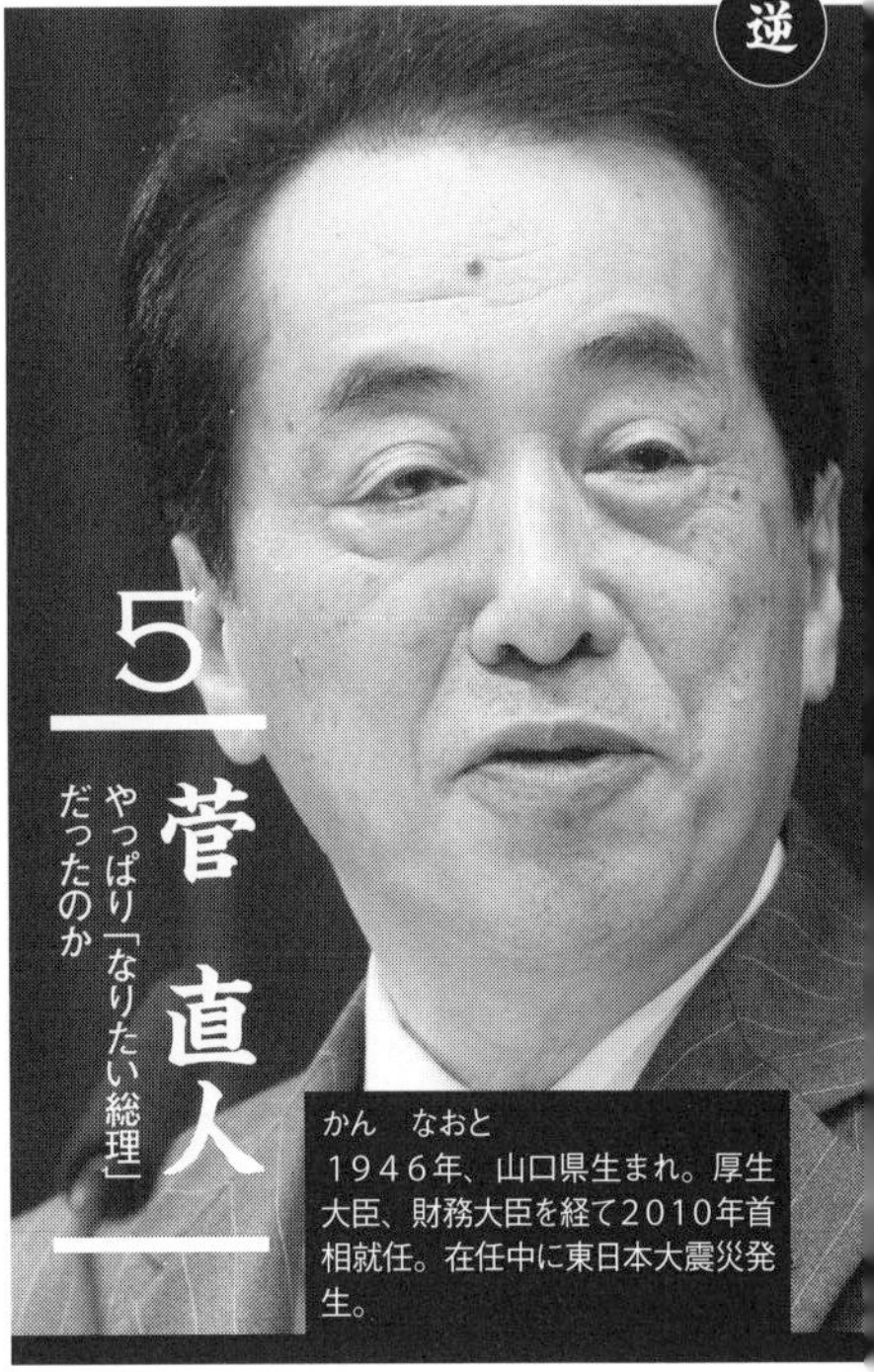

5 菅 直人

やっぱり「なりたい総理」だったのか

かん　なおと
1946年、山口県生まれ。厚生大臣、財務大臣を経て2010年首相就任。在任中に東日本大震災発生。

総理の座への野心が滲み出ていた男

たいしたものだと思う。国会議員になるための三種の神器は俗に「地盤、看板、カバン」だといわれた中、まったくの徒手空拳、市民運動からのし上がり、小さな政党を渡り歩いた末、ついに念願の総理の座まで手に入れたわけだから。でも、それが一番の問題だったかもしれない。

総理大臣は大きく二つのタイプに分かれる。「なったら」と「なりたい」がそれだ。なったら総理は、自分が総理の座に就いたら「これをやる」あるいは自分の政権は「これを目指す」というものをしっかり持っている。言い方を変えると、総理になることは〝手段〟であって、目的は自身の政治目標の達成にある。これがまともな総理だ。一方、なりたい総理は、なること自体が目標だから、なった途端に目標達成。その先には何もないから、今度は何としてでも総理の座にしがみつくことしかない。

かなりの期間、まぢかに見てきた人間としていうなら、菅はまさに「なりたい」の典型だとしか思えない。とにかく、そばにいれば、菅の上昇志向、総理への野心の激しさは手に取るように分かった。野党時代の民主党で事務局長として仕事をする中で、今も記憶に残っている印象深い場面がある。

民主党本部の某階は、役員フロアーになっていた。エレベータを降りて、すぐのところには役員担当のスタッフ数人のデスクがあった。役員たちはその前を通らなければ自室に入れない。他の役員たちは朝、やってくるとスタッフたちに「おはよう」「元気かい」などと明るく声をかけながら部屋に向かうが、菅だけは記憶する限り、一度もスタッフに声をかけず、もちろん目も合わさず、不機嫌そうな表情で、幾分前かがみ気味に早足で通り過ぎていった。それを眺めながら、こう思った。「あぁ、菅は四六時中、どうすれば総理になれるかを考えながら歩いているんだろうな」と。

なりたい総理には、目標もないし理念や哲学もない。国家が危機的状況に直面しても、右往左往するだけだ。あの東日本大震災での菅の対応を見れば、それは明らかだろう。直後にヘリで上空を飛ぶなどという無用、有害なパフォーマンス、あたりかまわず怒鳴り散らすといった醜態《しゅうたい》、拙劣《せつれつ》な自民党への大連立申し込み……。

あくまでも仮定の話だが、もしもあの時、別の政権、総理だったら、違った対応ができたかもしれない。もしかしたら、あと何十人、何百人の命が救えたかもしれない。そう考えると、すでにこの時には民主党を去っていたとはいえ、一時期は事務局長を務めた人間として、どこかで、あるいは何らかの形で菅政権誕生に関与していたのではないかという思いが湧いてくる。そこには常に、大きな後悔と贖罪《しょくざい》意識を伴って。

逆

6 前原誠司

大政党を消滅させた男

まえはら　せいじ
1962年、京都府生まれ。国土交通大臣、外務大臣、国家戦略担当大臣などを歴任。

理詰めで「情」の風が感じられない男

　後藤田正晴がたびたび口にしたのが「情と理」という言葉だった。

「政治家に大切なのは情と理のバランスだ。情、義理人情だけでも、理、理論、理屈だけでもだめなんだ」

　前原は有能な政治家と言われている。確かに政策に明るいし、理路整然とした語り口は、今の政治家の中でも上の部類に入るだろう。ただ、どうしても「理」が先行するきらいがある。逆に言うと「情」が伝わってこない。

　こんなことがあった。敢えて名前は言わないが、ある時、某テレビ番組で、小泉政権下で幹事長を務め、自らを「偉大なるイエスマン」と称していた政治家に対し、かなり厳しい評価をしたことがある。と、次の日、違う番組で運悪く(?)、その政治家と同席することになった。控室で、当の本人とばったり。何となくばつの悪い思いをしながら、「どうも」と挨拶すると、彼は笑顔で「いやー伊藤さん、昨日は貴重な意見をありがとう」と話しかけてきた。そう言われると、こちらもなぜかホッとすると同時に、「この人、悪い人じゃないな」と思ってしまう。

　実は、これとほぼ同じ状況で前原とテレビ番組で同席した時、彼は口を利かないどころか目も合わせようとしなかった。因みに、立憲民主党代表の枝野幸男も同様である。田中角栄の名言の一つに「頂上を目指すには敵を減らすこと。好意を持った中間地帯を増やすこと」というのがあるが、前原を見ていると、この言葉と真逆を行っているな、と思ってしまう。

　彼は民進党代表として、小池百合子東京都知事率いる希望の党への合流を決めた人物である。この時、彼は民進党の議員に対して、「全員合流」を約束した。だが、その後の「排除」は知っての通り。党首として、自らが率いる大政党を消滅させるという戦後政治史上でも例を見ない過激な行動をとったにもかかわらず、中身を確認するための文書一枚作らず、曖昧な口約束に乗って、結果的に民進党をバラバラにし、雲散霧消させてしまった責任者である。

　にもかかわらず、彼は今、そのバラバラにされてしまった人たちが立ち上げた一方の政党である国民民主党の所属議員であり、未だに「あの決断は誤りではなかった」と主張しているらしい。

当時の民進党が苦境に陥り、離党者が後を絶たない状況だったことは事実。だが、彼はそれを承知で代表選挙に立候補し、民進党の代表に就任したはずである。立て直しを図り、再度、自民党に対抗する政党として再生させるために全力を挙げるのが代表となった者の務めであることは言うまでもない。ところが彼は解党への道を選んでしまった。

「理」でしか物事を考えられない政治家は、先が読めすぎるらしい。理屈ではない「何か」、言い換えると情念のようなものが、時として局面を動かすのが政治の世界なのに。そもそも彼は最初から代表（党首）になるべきではなかったのかもしれない。

7 鳩山由紀夫

善意の「暴走族」

はとやま　ゆきお
1947年、東京都生まれ。2009〜10年首相。祖父・一郎も元首相、弟・邦夫は元総務大臣。

「トラウマ」は彼から始まった

人柄はどうか、と言われればすこぶる良い。一言でいえば善意の人である。ただ、野党時代の民主党幹事長、代表と事務局長という関係で付き合った経験からいうと、彼はいつも「本気」ではなかったような気がする。すべてが軽い。僕から見ると、彼は政治を〝趣味〟のようなとらえ方をしているような気がしてならなかった。

とはいえ、彼には悪意などかけらもない。まあ、60歳を過ぎても、母親から毎月1000万円を超えるお小遣いをもらっていたらしいから、悪意など持ちようがなかったのかもしれないが。とにかく彼の言動はすべて善意から出ている。だが、実はそれが一番、始末に悪い。なぜなら、彼は自身の言動がすべて善意から出た正しいものだと思っているから、周りが何を言っても止まらない。当時から僕は秘かに彼を「善意の暴走族」と呼んでいた。

沖縄の米軍基地移設問題で、「最低でも県外▼」と述べてしまったのも、沖縄県民の思いを素直に受け止め、それに応えたいという純粋な気持ちが言葉になったのだと思う。ただ問題は、彼が総理だったことだ。総理という立場をまともに自覚していれば、当然、言葉の重みがわかるはず。「最低でも……」というからには、なんらかの解決策、あるいは打開の可能性を「懐《ふところ》」に入れたうえでなければ発してはいけないはずだ。だが、何しろ「善意の暴走族」だから、何の方策もない中で口にしてしまう。結果、沖縄県民に期待感を抱かせた上で、大きな失望感を与えてしまった。

彼のもう一つの問題点、それは直前に聞いた話を鵜呑みにしてしまうことだ。事前に、いくら丁寧に説明しても、そのあとで、違う話を耳にすると、前の説明はどこかにいってしまい、直前情報に基づいて話してしまう。野党時代の民主党代表だったころ、幹部や僕たちの合言葉は「大事な話は、直前になってから鳩山の耳に入れろ」だった。

今、野党は冬の時代。今ほど野党が非力な時代は過去に例がない。なぜ、野党に対する期待感が一向に高まりを見せないのか。それは民主党政権に対する「ト

▼最低でも県外
民主党政権交代後の２００９年７月、「最低でも県外の方向で積極的に行動したい」と表明。

ラウマ」が色濃く残っているからではないか。多くの有権者はいまだに「あの民主党政権は大失敗だった」と思っている。

ではなぜ、民主党政権は失敗だったのか。無論、理由は山ほどあるだろうが、あえて一つだけ挙げるとすれば、それは、大きな期待感の中で、新たに誕生した民主党政権の「第一走者」に選んだ人物が「暴走族」だったからかもしれない。

自民党のように長年にわたって政権運営に携わっている政党なら、途中で多少、ボンクラな総理を出しても、その後に修復が可能だろう。だが、まったくの新政権の場合は、初めのトップが転んだら、それで終わりである。

逆8 チルドレン

大量生産で、不良品も

大物政治家の影響を受け、その下で動く人々。安倍政権下の「魔の3回生」「小泉チルドレン」など。

生み出され続ける勘違い議員

自戒の念も込めて言うが、衆議院の選挙に小選挙区制が導入されて以降、政党の候補者選びが、かなりいい加減になってしまった。その象徴が「公募」である。

このシステム、確かに、昨日までサラリーマンだった人も国会議員になれる、という意味では、政治家への門戸を広げたという点で、評価できる部分もある。だが、一方で、選挙を前に大急ぎで候補者をかき集めなければならない、という政党側の都合もあって、選ばれた候補者が、それこそ玉石混淆、というか、中には国会議員にしてはいけないような人物が紛れ込むことも少なくない。

僕自身、野党時代の民主党事務局長として、公募で集まった人たちの選考に携わったことが何度かある。でも、公募の実態は小論文と短時間の面接程度。これで国会議員としての資質や能力が測れるわけがない。では、何を基準に選ぶか、といえば、結局は「学歴・職歴」である。ところが、こういう〝優等生〟が、必ずしも政治家として有能かといえば、はっきり言ってそうでもない。どころか、中にはとんでもない奴が少なくなかった。

加えて言えば、公募に応じてくるような連中の多くは、政治家として何を成し遂げたい、という志を抱いて応募するというより、「チャンスだ。とにかく国会議員のバッジをつけたい」という思いで手を挙げる例が多い。

実は、この公募システムが主な要因となって生み出されたのが、「チルドレン」と称される新人議員の大量当選現象である。その走りは何といっても「小泉チルドレン」。２００５年の郵政選挙で、反対派の現職を大量に切り捨てた代わりに、急遽、かき集めたチルドレンが、なんと83人も当選。次いで、２００９年には「小沢チルドレン」が誕生する。政権奪取目前の民主党が、空白区中心に大量の新人を擁立し、１４３人もの新人議員が生まれた。女性が多かったことから「小沢ガールズ」なんて言葉も流行《はや》ったっけ。

　ただ、「小泉チルドレン」も「小沢チルドレン」も、〝寿命〟は短かった。小泉チルドレンは次の総選挙（２００９年）で生き残ったのはわずか10人、小沢チルドレンも２０１２年の総選挙ではほぼ壊滅している。ほとんど仕事らしい仕事もしないまま消えていったわけだ。国会議員１人当たり、年間約１億円の税金が投入されているから、ある意味では「壮大な無駄」とも言える。だが、この両チルドレンはまだましかもしれない。たいした「悪さ」もできないうちに消えていったわけだから。

　問題なのは、２０１２年の総選挙で誕生した「安倍チルドレン」だ。この選挙では、１１９人のチルドレンが誕生し、その後、２回の総選挙を経てもまだ、88人が生き残っている。「魔の3回生」と呼ばれる連中だ。

　空白区を埋めるためにかき集められた彼ら。当然、「玉石混淆」で、中には普通に考えれば国会議員などにしてはいけないものが混じりこんでいる。にもかかわらず、安倍自民党が圧倒的な強さで総選挙に3連勝したために、間違えて当選してしまった連中までが、ほとんど苦労もしないで連続当選し、「センセイ」と呼ばれているうちに勘違いして「自分は偉い」と思い込む。となれば、重婚疑惑、下衆《げす》不倫、路チュー、数々の暴言、失言が飛び出すのも必然か。

　ただし、その背景に、有権者が候補者本人を選ぶのではなく、その時に人気の政党や、その党首にしか目を向けず、ろくに名前も知らない候補者に投票する傾向が強まっていることがあるのも事実だろう。チルドレンを生み出しているのは、実は有権者だということも、敢えて指摘しておく。

第五章

「風圧」はなぜ消えた

1 懺悔録・政治改革の失敗

カラフルからモノトーンへ

気づけば「永田町」の景色はすっかり変わってしまった。かつての永田町は、一言で言うと実に「カラフル」だった。「街」には様々な形状の建物が乱立し、多人種であふれていた。複雑に入り組んだ街並み、そこには「キツネ」や「タヌキ」「コウモリ」たちが徘徊し、時には近づくだけで食い殺されそうな「猛獣」も出没した。むき出しの欲望や陰謀が渦巻く弱肉強食のこの「街」に初めて足を踏み入れた時、僕が感じたのは「ここは普通の世界じゃない。まさに人間動物園だ」という思いだったことを覚えている。

あの頃の永田町は実に雑多な人種が行きかう、ちょっと危なくて雑然、混沌とした、でも生命力と魅力にあふれた街だった。そんな街だから、時に激しい〝抗争〟もあったし、中には無法地帯と言ってもいい場所さえも見かけることがあった。でも、だからこそ、そこから様々な意味で「普通ではない」人たちが生まれ、育っていったのではなかったか。

そして、その中には、そこにいるだけで、対峙《たいじ》しているだけで、知らずに「風圧」のようなものを感じさせる人たちが、確かに少なからずいた。実は、そういう人たちがいたからこそ、時に予想外の展開を見せたり、大向こうを唸らすような躍動感に満ちた「ドラマ」が生まれ続けたのだと思う。

でも、今の永田町は整然と区画され、画一的なビルが立ち並ぶ無彩色というかモノトーンの街に変わった。そこを行きかう人は皆、あたかもグレーかブルーのスーツを着込んだビジネスマン風ばかり。およそ個性を見分けることなどできない人種の集まりとなってしまった。この街には風変わりな人たちが立ち入るような雑然とした路地裏などほとんどない。住み着く家もめったに見つからない。異質な存在を許容する柔軟性、懐の深さもない。だからそこには生き生きとした混沌もなければ、ドラマもない。

単にノスタルジーに浸っているわけではないし、いたずらに過去を賛美するつもりもない。ただ、「あの頃」の永田町は今に比べて間違いなく「危なくて面白い」世界だった。どうしてなのか、と考えていくうちに思い当たったのが、やはり「風圧政治家」の存在である。彼らはむしろ平凡な秩序の破壊者かもしれない。言い方を変えれば奇人、変人たちかもしれない。だが、彼らの躍動が、時に予測不能な展開を見せ、それが永田町にある種の活力を生み出し続ける要因となっていたのではないか。でも今、彼らはほとんど消えた。気づいたら、それこそ「絶滅危惧種」になっていた。

　この街の風景を一変させ、風圧政治家の大半を消し去ってしまった原因はどこにあるのか。僕自身の懺悔《ざんげ》の思いとともに言わせてもらえれば、「政治改革」がそこにあった。そして、その政治改革という名の制度変更を生み出すきっかけとなったのが、一私企業である「リクルート」という会社だったことに、改めて驚きを感じている。

リクルートが日本の政治を変えた

　確か、１９８９年の正月休みもまだ明けたばかりだった。くそ生意気で上司にも食ってかかってばかりで、まったく可愛げのない若手スタッフだった僕を、なぜか可愛がってくれていた風変わりな上司から、いきなり「おい、これから6階の会議室に来い」と言われて自民党本部6階にある会議室に向かい、ドアを開けた。と、そこには件の上司と並んで、後藤田正晴がすでに座っていた。

後藤田とは彼が中曽根政権の官房長官時代から付き合いがあった。後藤田が政界を引退するまで、選挙のポスターや政見放送などの原稿を作り続けたのが、今では懐かしい思い出となっている。それだけに、僕自身は「あれ、なんで後藤田さんがここにいるんだろう」と思ったぐらいだったが、その上司や、僕同様に急遽《きゅうきょ》、各部局から集められた僕以外の事務局内でも有能と評判の若手中心のスタッフは皆、「カミソリ」の前で緊張しまくっている。全員がそろったところで、後藤田がゆっくりと口を開いた。

「これから君たちには政治改革のプロジェクトチームメンバーとして働いてもらう。国民の『政治とカネ』に対する不信感は頂点に達している。これを払しょくするためには思い切った改革が必要だ。なぜ、政治の世界で金銭スキャンダルが絶えないのか。その背景には現行の中選挙区制、それと表裏一体の政治資金制度がある。同じ政党から複数の候補が立てば、政策の違いはないから、サービス合戦になる。サービスするにはカネがかかる。無理をしてでもカネを集めなければならなくなり、そこから不祥事が発生する。だからまず、選挙制度、政治資金制度の抜本改革を中心に取り組んでいく……」

　すべてはここから始まった。１９８８年6月、朝日新聞のスクープで発覚したリクルート事件。初めは川崎駅の再開発に絡んで、川崎市の助役にリクルートの子会社であるリクルート・コスモスの未上場株が「賄賂《わいろ》」として譲渡されていたという「一地方の事件」だったが、その後、マスコミ各社の取材によって、上場すれば大幅な値上がり確実といわれていたコスモス株が政治家を中心に官僚、マスコミ、通信業界有力者などに幅広くばらまかれていたことが明らかとなる。その目的はリクルートの事業拡大と政治的影響力の強化にあったとされる。事実、譲渡を受けていた政治家の多くは、時の権力中枢か、将来性が見込まれる連中で、すでに「盛り」を過ぎていた政治家などには配られていない。

　政界以外ではＮＴＴの真藤恒会長をはじめ、労働省（現・厚労省）の加藤孝、文部省（現・文科省）の高石邦男両事務次官、日経新聞の森田康社長など、各界の〝大物〟への譲渡が次々と明らかになる。中でも最も集中していたのが、政治家への譲渡だった。中曽根康弘、竹下登、宮沢喜一、安倍晋太郎、森喜朗、渡辺美智雄ら派閥の領袖《りょうしゅう》クラスはもちろん、将来の首相候補と言われていた藤波孝生（政治家ルートで唯一逮捕）ら90人を超える政治家がコスモス株を受け取り、流行語にもなった「濡れ手で粟」の大儲けをしていたことが明るみに出る。事件の渦中で竹下登の秘書・青木伊平が自殺したことも記憶に残る。敢えて名前はあげないが、この中には「自分だけは助けてくれ」と党の幹部たちに頼み歩き、顰蹙《ひんしゅく》を買っていた政治家もいた。因みにその彼はのちに総理の座についている。

　政治家ルートの中には野党議員も含まれていたが、大半は自民党。世論は憤激し、自民党に対する批判はかつてないほど厳しいものとなる。当時、「このままでは自民党は壊滅する」とまで心配する声が、党内のあちらこちらで聞こえ始めていた。この状況を何とか打開し、自民党が「本気の反省」を示すため「目に見える」対応策として浮上したのが政治改革だった。指示を出したのは、事件の当事者であり、後にこの問題で辞任に追い込まれる当時の総理・竹下登である。

　つまり、リクルートという会社が起こした大スキャンダルが引き金となって政治改革がスタート、それが選挙制度や政治資金制度の改正や政党交付金制度の創設という大変革を生み出したわけだ。この制度変更がどれほど日本の政治風土に大きな変化をもたらしたか。リクルート事件をきっかけにした各種政治制度の変革はその後、新党の乱立や政権交代などを引き起こしただけでなく、政治家の質や有権者の意識、政党の性格まで変えていく。

おそらく、現在の「安倍一強」と呼ばれる政治状況が生まれたのも、実はこの政治改革が原点にあると言ってもいい。リクルートというたった一つの新興企業の抱いた〝野望〟が、ある意味で日本という国の姿を一変させてしまったのである。

最初のボタンの掛け違い

話は、初めて後藤田に招集され、政治改革のプロジェクトチームの一員に任命された日の会合に戻る。後藤田の話を聞いているうちに、僕は次第に違和感を抱き始めていた。リクルート事件はもちろんだが、それ以前にも「政治とカネ」に纏わるスキャンダルが何度も繰り返されていた。これを短絡的に選挙制度に起因するというとらえ方が果たして正しいのだろうか。確かに政治家が汚れたカネに手を出す背景に、「猿は木から落ちても猿だが、代議士は選挙に落ちたらただの人」という厳しい現実がある。選挙に勝つためなら、あらゆる手段を講じたくなる気持ちもわからないではない。

加えて言えば、永田町に足を踏み入れた時、最も驚いたのが、その金銭感覚だった。簡潔に言えば、一般社会と「一桁」違うのである。海外出張だと言えば、末端の職員にまで「万単位」の餞別《せんべつ》があちこちから届く。選挙の際、激戦区に現ナマを運ぶ人間は、全額渡さなくても許される、といった噂すらあった。こうしたお金に対するルーズな意識が事件を起こす遠因だったのかもしれない。だが、だからといって「濡れ手で粟」が許されるわけでないのはもちろんだ。

さらに言えば、当時の中選挙区制下でサービス合戦を繰り広げていたのは、常に定数の半分以上の候補を立てていた自民党だけである。つまり、サービス合戦は自民党の〝党内問題〟だった。それを制度全体の問題としてとらえるのには無理がある。

そんな思いから、後藤田の説明が終わったのを見計らって、口を開いた。初対面だったら、とても「カミソリ」に対して反論めいたことを言えるわけがないだろうが、幸い以前から▼後藤田との付き合いがあったことで、それほど臆することもなく嚙みつけたのだと思う。

▼後藤田正晴との関係については88ページ参照。

「おっしゃることはわかります。私も最終的には制度の抜本改革が必要だと思います。ただ、直ちに制度問題に入ると、国民からは『泥棒に入った奴が、捕まった時、玄関のカギが開いていたのが悪い』と開き直るように見えませんか。政治とカネの問題はモラルの問題でもあると思います。まずは徹底した腐敗防止策から入るとか……。加えて言えば、政治改革という以上、政治とは何かから始まる全体像を議論したほうがいいのではないかと思うんですが」

後藤田の顔を見ると、いかにも「それは十分わかっている」といった表情が見て取れたが、出てきた言葉は「他に意見は？」の一言だった。他のスタッフはといえば、一人だけ「そうかもしれませんね」と呟いたのみ。あとは全員が沈黙を守っていた。その後、僕自身もしだいに選挙制度改革の熱に浮かされるようになり、その実現を目指して仕事に没頭する日々を送ったから偉そうなことを言えた義理ではない。だが、この時抱いた疑念というか、「手順が違うのでは？」という思いが、後になって何度も蘇ることになる。

後に後藤田と話す中で、「政治改革と言いながら、選挙制度に矮小化されてしまった。改革はまだ、道半ばだな」といった趣旨の言葉を何度も聞いた。きっと、後藤田も不本意だったのだろう。「リクルート事件」という戦後史に残る大スキヤンダルに直面し、目に見える形で国民の不信感に応えるためには、この道しかなかったのかもしれない。加えて言えば、当時の自民党総裁（総理）である竹下から直接指示された以上、それに従うしかなかったのかもしれない。

だが、政治改革とは本来、単なる選挙制度や政治資金制度を変えることではなく、国と地方の役割分担や二院制の在り方を抜本的に見直し、新たな方向性を固めた上で、それを実現するための方策として制度論に踏み込むべきだったのではなかったか。逆に言うと、この時が、以前から指摘されていた日本政治の問題点を徹底的に洗い出し、そうした抜本的な改革に踏み込む絶好のチャンスだったのかもしれない。選挙制度から入り、結局、そこで止まってしまったことが今、様々な弊害を生み出しているような気がしてならない。

断っておくが、後藤田はじめ、伊東正義、羽田孜、河野洋平、石破茂、岡田克也、野田毅、渡海紀三朗、三原朝彦……、政治改革と積極的に取り組んだ政治家たちの「政治を変えよう」「たとえ自民党が政権の座を失っても改革が必要だ」といった熱意、思いは、高く評価すべきだ。また、選挙制度に矮小化されてしまったことは事実としても、政治家が自らの政治生命を失う危険を冒してまで、制度の改革にチャレンジしたことは称賛に値すると言っても過言ではない。今の政治家、特に自民党内にそうした、ある種の覚悟と使命感を持った政治家がどれほど存在するだろうか。ただ、この時、「最初のボタンの掛け違い」が起きてしまったという思いは消えないだけでなく、現状を見るとより一層強くなっている。

「理想はイギリス型」という勘違い

後藤田をトップに、実務の責任者である事務局長に武村正義を据えた政治改革委員会の初会合が開かれたのは１９８９年１月18日のこと。ここから僕にとっても「怒濤《どとう》のような」という表現がピッタリあてはまる数年間が始まった。

会議で出された意見の集約、内部の議論、翌日の会議に向けた資料作成……。時には週のうち半分以上は睡眠２～３時間という「半徹」状態が何週間も続いた。スタッフの半数くらいは過労で倒れるといった状態。それこそ「ブラック企業」状態である。だが、誰一人、この状況に不平、不満を漏らすことはなかった。誰もが、「歴史的な改革に関与している」という高揚感を抱いていたからである。

因みに、選挙制度改革については、当然ながら党内で猛烈な反発が噴き出した。連日、フルオープンの会議が開かれ、何時間にも亘る激論が交わされたが、その中で、常に最も猛烈な反対論を展開したのが、後の総理・小泉純一郎だった。その小泉が郵政選挙では小選挙区を中心とする現行の選挙制度のおかげで、歴史的勝利を収めたのも、皮肉といえば皮肉だ。小泉、加藤紘一とともに「ＹＫＫ」を組み、選挙制度改正反対の急先鋒だった山崎拓が最近、こんなことを言っていた。

「最も反対した小泉が、小選挙区制のおかげで最も得をしたんだよね」

連日の議論の中、改革の方向性を明示した「自民党政治改革大綱」がまとまったのは、この年の5月23日だった。そこには「小選挙区制の導入を基本とした選挙制度の抜本改革を行う」と明記されていた。議論の当初から、小選挙区制の導入が既定路線だったわけである。

だが、実はそこにこそ問題があったのではないか。制度論から入るという最初のボタンの掛け違いは、次のボタンの掛け違いにつながる。中選挙区制を抜本的に変えるという前提があったとしても、それが即、小選挙区制に結びついた背景に何があったか。今から考えれば、みんなの頭の中に、「議会制度の母国はイギリスだ。そのイギリスは単純小選挙区制だ。これが理想だ」といった思いがあったからではなかったか。言い訳になるが、当時、委員会メンバーの政治家も我々事務局スタッフも、はっきり言って諸外国の選挙制度や政治資金制度に関する知識はほとんどなかった。学者、研究者の中にも、我々が求めるような情報や知識を与えてくれる人がなかなか見つからない。中で、最も頼りになったのが、当時、国会図書館の政治議会課に在籍していた成田憲彦氏である。同氏はその後、細川護熙総理の秘書官となる。

　そんな手探り状態の中で、いつしか共通認識となったのが、「イギリスの制度をお手本に」だったのではなかったか。その後、政治改革委員会は政治改革推進本部、政治改革本部と名称を変えつつ、党内の反対派との間で連日展開された激烈な議論を経る中で、当初、目指した単純小選挙区制から徐々に姿は変わっていくものの、小選挙区を基本とする制度に向けて進んでいく。海部政権下、一度は自民党内の反対派によってつぶされた改革案だったが、その後、１９９４年1月に細川政権のもとで成立する。それが現行の「小選挙区比例代表並立制」である。制度変更の背景を貫いていたのは「政権交代可能な二大政党制」の実現であり「政党中心の政治」だった。

　だが、制度が変わってから20年以上経った今、こうした狙いは実現しただろうか。さらに言えば、その狙いは正しかったのだろうか。残念ながら「ノー」と言わざるを得ない。ではなぜ、どこを間違えたのか。そこには様々な理由があるだろうが、敢えて一つだけあげるとすれば、やはりイギリスをお手本にしたことではないかと思う。

最近のイギリス政治の混迷は置くとして、確かにイギリスは長く保守党と労働党の二大政党が政権交代しながら、国を動かしてきた。その制度上の背景には一つの選挙区から一人が選ばれる単純小選挙区制がある。小選挙区中心の制度にすれば、イギリスのような二大政党による政権交代可能な政治構造に近づくと、一時は誰もが考えたはずだ。だが、現実はそうならなかった。なぜか、一言で言えばイギリスと日本は「違う国」だからである。

最大の違い、それは、イギリスが今は幾分崩れつつあるとはいえ厳然とした階級社会であり、日本は階級分化が極めて曖昧な社会だという点。単純小選挙区という制度上の誘導要因があるにせよ、保守党は貴族階級をはじめとする富裕層を代表し、労働党は労働者階級を代表する政党という、党の性格、構成が明確に区分されていたからこそ維持できたのではないか。

東西冷戦構造が崩壊し、「保守対革新」というわかりやすい構図が消えたこの国で、二大政党制が成り立つのは困難だ。共産党を別にすれば、各政党の基本政策に明確な違いはない。階層分化が不明確な中で、固定的な支持層を持たないこの国の政党が二極化することは難しい。国情の違いを無視して制度だけ移入しても、期待通りの方向に動くわけがない。加えて、当初考えられていた単純小選挙区制が、いつの間にか、野党との妥協策として比例代表制も加味したものになってしまったことも二大政党制の阻害要因となっている。その上「並立制」と言いながら、「比例復活」を導入したことで、極めて中途半端な制度になってしまったことも悔やまれる。

次々と作られては消えていく日本の「お手軽政党」

またこの時、政治家が資金集めにつぎ込む労力を軽減し、政治家本来の職務に専念できることを狙いとして、導入されたはずの政党交付金制度も、思わぬ弊害を生み出している。

そもそも、この制度は武村正義の発案。いわば「政治資金三分割法」で、党が3分の1、政治家個人が3分の1集め、残りの3分の1を国に負担させるという考えだ。当初は当時の国会議員が集めていた政治資金が全体で約1800億円だったため、その3分の1である約600億円を交付金とする案だった。ところが、

「これでは額が多すぎて国民の理解が得られない」という意見が多く出され、「それでは、その半分くらいで」ということになった。それが現在の国民一人当たり年２５０円、総額で約３２０億円という数字となる。

ある会議で、この金額の根拠をどう説明するかが議論になった。もともと根拠などないから、皆で頭を悩ませていた時、ある議員が、「国民の皆さんには、１年にコーヒー一杯分のご負担を、と言ったらどうか」と言い出し、いつの間にかこれでいくことになってしまった。もともと積算根拠は曖昧で、はっきり言って実にいい加減な制度である。因みに、この制度創設と引き換えに企業・団体献金はいずれ全廃というのが約束事だったはずなのに、未だに存続しているのは詐欺的行為と言えるのではないか。

その上、この制度は政党というものの「価値」を著しく毀損することになった。それ以前、新たな政党を立ち上げるのは、極めて困難だった。最大のネックは資金である。中選挙区制の時代、新党を立ち上げるには参加者一人当たり1億円はかかるといわれていた。それだけの資金を集めるのは、簡単なことではない。羽田孜、小沢一郎らが自民党を離党し、新生党を立ち上げた時、主要メンバーがそれぞれ割り振られた資金を集めるのに、死ぬほど苦労していたことを知っている。

当時、新党の結成は文字通り命がけだった。

だが、政党交付金制度が創設されたことで、政党要件（国会議員５人以上など）さえ満たせれば、最低限の資金は確保できることになり、それこそ雨後の筍のように、次々と新党が結成されることになった。それも多くは年末駆け込みで。なぜなら政党交付金を受け取るには毎年の１月１日現在、政党として存在していることが条件だからである。簡単に結成した政党は簡単に解党する。

１９９０年代以降、次々と新党が結成され、自民党にチャレンジしては敗れ去り、その大半は消滅していった。「お手軽新党」がまともな政党として成長し、しっかり地歩を固めることなど、所詮は無理な相談である。野党の混迷、低迷、迷走の背景にはこの政党交付金制度があると言ってもいいのではないか。

抜本的な制度改変は現状を考えると極めて困難だろうが、せめて小選挙区で立候補し、その選挙区の有権者から「お前は国会議員に相応しくない」と判断されて落選したのに、なぜか比例復活で当選するという奇妙なシステムくらいは改めるべきではないのか。まあ、今の政治家にはその程度の改善意欲も望めないだろうが。

因みに、我々がお手本であり、世界標準だと思い込んでいたイギリス型の小選挙区中心の制度は、後になって考えると、独特の成り立ちを持つアメリカを別にすれば、実はオーストラリアやカナダなど旧英連邦諸国特有の制度で、ヨーロッパの多くの国では、比例制中心の制度を取っていたことがわかってきた。当然、これらの国々では、多数の政党による連立政権が中心となっている。

さらに「政党中心」に関しても、果たしてこれが正しかったのか。その点に関しても、我々は大きな誤解からスタートしてしまった。これもまた、イギリスの政党と、日本の政党には大きな違いがあるという点を見落としていたことによる。イギリスの政党は保守党であれ、労働党であれ、長い歴史の中で、個々の政治家の上に政党が存在するという構図が完全に定着している。しっかりした政党組織を持ち、メンバーの党に対する帰属意識が強く、政策や理念を共有する者たちの集団だと言ってもいい。

例えば保守党はオックスフォードやケンブリッジといった大学の優秀な学生を早い段階でリクルートし、時間をかけて養成、党が指定した選挙区で立候補させ、政治家として育てあげていくというシステムが、少なくとも最近まで機能していた。労働党政権で首相となったトニー・ブレアもこのパターンといってもいい。つけ加えれば、イギリスの場合、保守、労働両党がそれぞれ強固な「地盤」を持っているため、新人はまず自党が弱いとされている選挙区から立候補し、そこで健闘すれば、次はより当選可能性が高い選挙区から立候補させるというシステムを取っていたこともある。つまりイギリスの場合、大半がいい意味での、いわゆる「落下傘候補」というわけだ。

確かにイギリスにも2世、3世議員がいることはいるが、その数は日本と比較して圧倒的に少ないし、そもそも彼らには「地盤の継承」とか「世襲」といった概念が存在しない。その点、日本と近いのがアメリカだろう。ケネディ家やブッシュ親子大統領などはその典型だ。

翻って、日本の政党はどうか。確固とした組織を基盤とした指導力を持ち、候補者の養成や立候補する選挙区の指定を行える政党と言えば、公明党と共産党くらいだろう。その他の政党は党主導型というより議員集合体型とでも表現するほうがピッタリとくる。むろん、長期的な視野に立った候補者養成システムもない。解散・総選挙となれば、空白区を埋めるため、資質や能力、人間性もろくに吟味することなく、「公募」で候補者をかき集めることが常態化している。

もっとも、政党中心を狙って、選挙制度や政治資金、政党交付金制度の変更、創設などを行った結果、今の自民党は「安倍一強」が象徴するように、一見すると「政党中心」に変貌しつつあるかに見える。だが、実態は選挙の公認権と資金と人事権を握った執行部による強権的な党支配であり、しっかりとした党組織と候補者育成システムを持つ、本来の意味での政党による党運営とはかなり色合いの違うものになってしまっている。

　現状は「政党中心」と言うより「官邸中心」と言ったほうがいい。政党（政権与党）は官邸の独走を追認するだけの存在に成り下がっていると言っても過言ではない。確かに議院内閣制の下では政府と与党が一体であることが基本だ。同時に政権を支える政党（与党）は、その政権をコントロールする責任がある。政権と政権与党の間には、ある種の緊張関係がなければいけない。政権とは、言いかえると「権力」だ。権力は常に誰かが監視、チェックし、時としてブレーキをかけないと暴走する危険を孕んでいる。政権与党は政権を支えると同時に、政権に対するチェック機関でもあることが求められているはずだ。

　因みに今の野党に至っては、合従連衡、分裂と合併、誕生と消滅を繰り返していることを見ても、まともな政党と言えるかどうかすら怪しい。かつては民主党の中核に位置し、その政権下では閣僚やキーポジションを占めていた連中が、次々と自民党に吸収されていく状況を見ると、彼らに政治家としての信念も、人間としての矜《きょう》持《じ》もないことにあきれると同時に、一時は自民党に対抗し、二大政党の一翼を担うかに見えていた民主党が、そもそも政党として最低限の要件を満たしていたかどうかすら疑問に感じてしまう。事実、僕自身の経験でも、「自民党からの出馬が無理だから」という理由で民主党に加わったような政治家が少なからずいた。党の理念や政策への賛同もなく、帰属意識さえ希薄な連中の集合体を、果たして政党と呼ぶべきかどうか……。

同じ政党と言っても、イギリスと日本の政党では組織形態も実態も運営システムもまったく違うにもかかわらず、「政党中心」を目指したことが、果たして正しかったのかどうか。現状を見れば、それは明らかだろう。

「政権交代可能な二大政党制」を目標に、イギリスをお手本とした「政党中心」の制度を導入したのが「政治改革」だった。だが、そもそもその目標自体が正しかったのか、仮に百歩譲ってそうだったとしても、その目標は今、むしろ遥か彼方に遠のいたように見える。僕自身を含め、この政治改革と積極的に取り組み、実現に奔走した人たちの多くが今、抱いている感情を一言で表現すれば「こんなはずではなかった」ではあるまいか。事実、多くの〝同志〟から、同様の言葉を聞いている。

その一方で、この「改革」という名の制度変更がもたらしたのは何かと言えば、個性的な政治家の出現と活躍の場を失わせたことではなかったか。永田町から「風圧」を感じる政治家が、ほとんど消え去ってしまったわけは、どう考えてもここにある。今の政治状況を眺めていて、頻繁に湧いてくるのは、どうしてこうなってしまったのか、どこで僕たちは間違えてしまったんだろうかという慚愧《ざんき》の思いである。

2　そして風圧は消えた

政治改革が派閥を、組織の活力を奪った

さて、ここまでは政治改革という名の制度変更がなぜ、狙い通りの方向に進まなかったのか、そもそも狙いそのものに問題があったのではないか、どうして今、「こんなはずではなかった」と思わざるを得ない状況が生まれてしまったのかといった点について、懺悔の思いを込めつつ振り返ってみた。

で、ここからはその「政治改革」が日本の政治の世界に何をもたらし、何を消し去ったか、さらに言えば、なぜ「風圧を感じる政治家」が激減したのか、そのことによって何が起きているのかを探っていきたい。

制度変更によって大きな変貌を遂げたものの一つが自民党の派閥である。かつての自民党は単一の政党というより、派閥という名の「疑似政党」の連合体と言

うべき組織だった。その絶頂期を象徴するワードが「三角大福（中）」だろう。自民党の派閥が最もエネルギッシュだったのが、三木武夫、田中角栄、大平正芳、福田赳夫と、これに中曽根康弘を加えた５人が、それぞれの派閥を率いて激しい権力闘争を展開した１９７０年代前半から80年代後半にかけての時代だった。

　彼らはいずれも総理の座に就いている。ついでに言えば、彼らは皆、「初代」というか創業型政治家である。自身の力で政治家の座をつかみ、その知力、腕力、金力（?）、戦闘能力で派閥の長となり、総理の座を手に入れた政治家ばかりだ。2代目や3代目ばかりが目立つ、今の永田町とは大違い。創業型と世襲型、どちらがパワフルかは言うまでもない。

　この時代の派閥はいわば「戦闘集団」であり、言い方を変えれば「体育会」だった。派閥は、その構成員に「カネと選挙とポスト」を与える。派閥は日常の政治活動のため、盆暮れには「モチ代」「氷代」と称する活動費を配るほか、選挙になれば当然、かなりの選挙資金を提供する。これが「カネ」だ。また、選挙では、まず派閥が構成員に公認を与えるため、党本部を動かし、いざ選挙となれば、派閥単位で応援体制を組む。重点候補になれば、派閥の幹部クラスを中心に、その秘書団が大量に投入されることもしばしばだった。これが「選挙」である。最後の「ポスト」とは、当選した派閥所属の議員たちに上は閣僚から下は党の部会まで、本人が希望するポストを与えることであることがそれである。

派閥はこの3つを提供する代わりに、メンバーたちは派閥の命令には絶対服従。派閥が「右を向け」と言われれば、何時間でも右を向くし、「カラスは白い」と言われれば口をそろえて「白い」と言う。また、メンバーは派閥のトップを自民党総裁にするためなら、犯罪以外は何でもすると言われるくらい全力で目標達成に走り回った。派閥の結束力が強く、一度所属した派閥から抜けるものはほとんどいない。抜ければ、次の選挙で元の派閥がその政治家の選挙区に刺客を立てるなどということもあったほどである。

確かに、当時の派閥には弊害もあった。その最たるものが「カネ」だろう。他派閥と戦うために、自派のボスを総裁・総理の座に押し上げるために、無理な金集めが横行し、利権漁りやダーティーマネーに手を出すことにつながるケースが後を絶たなかったことも事実。自民党総裁選を巡り、札束が飛び交うのは当たり前、「1票1億」などと言われたこともあったし、「ニッカ、サントリー、オールドパー」という言葉まで生まれた。これは自民党の総裁選で候補を抱える2派からカネをもらうのが「ニッカ」で3派からもらうのが「サントリー」、すべての派閥からもらって白紙投票（誰にも投票しない）するのが「オールドパー」という意味だ。田中角栄と福田赳夫の間で争われた第1次角福戦争でも、田中陣営を中心に巨額の札束が飛び交ったなどと言われている。

　また、派閥が人事を取り仕切ることによって、「適材適所」が無視され、無能な人物が閣僚等のポストを占めることも少なくなかった。もっとも、最近の内閣改造、自民党役員人事を見ると、「安倍一強」からくる慢心か、２０１８年も２０１９年も入閣待機組（在庫）を抱えた各派の推薦名簿を丸呑みしたり、側近や実力者への配慮を重視した人事を行った結果、次々に失言やスキャンダルで閣僚が辞任に追い込まれる事態が起きている。となれば、一方的にかつての派閥の弊害と断ずるわけにもいかないだろうが。

　ただ、一方で派閥の効用も決して無視できない。さらに言えば、かつての派閥こそ、政治のダイナミズムを生み出す大きな力になっていたのではないか、とすら思える。まず、かつての派閥は規律が厳しい集団で、その分、新人や若手に対しては、派閥単位である種の「教育」が行われていた。新人や若手に対し、幹部、先輩議員がそれこそ手取り足取りで、良くも悪くも政治家としての立ち居振る舞いや身の処し方を教えるという文化が存在していた。

例えば、かつての田中派では、新人に対して「当選2回までは、とにかく選挙区の地盤強化に全力を挙げろ。ただし、東京にいる時は党内の各種の会合にできる限り出席しろ。でも、そこでは一言もしゃべってはいけない。ひたすら先輩議員たちの議論を聞いて勉強しろ。3回当選したら堂々と意見をのべていい」といった教えがあったという。

そうした教育の中で、田中角栄や福田赳夫のように派閥のトップとなった者は、他派閥との激烈な抗争を経る中で鍛えられ、総理候補への道を進み、あるものは特定分野で能力を発揮する族議員と称される、良くも悪くも専門政治家となり、また金丸信のように総理・総裁を目指すのではなく、党や派閥、国会運営のプロとなっていった。そうした政治家たちの多くが「風圧」を身に纏っていたのは、決して偶然ではない。

要するに、多彩な人材を生み出す土台となっていたのがかつての派閥だったとも言える。かつての派閥は総裁候補を抱えていることが、必須の構成要件だった。派閥を長く存続させるためには常に総裁（総理）候補を再生産させていかなければならない。そのためには後継者の育成が絶対的な必要条件である。当然、優秀な人材の育成・教育が不可欠になる。かつての派閥は教育機関の役割を果たしていたのである。

また、かつての派閥はそれぞれが「個性」を持っていた。宏池会（かつての大平派、現在の岸田派）は官僚中心だったことから政策重視の「お公家集団」と称されていたし、田中派は「軍団」という別称があったことからもわかるように結束力と戦闘能力に長けた派閥だった。加えて言えば、政策や理念の面でも派閥単位で色合いが違う。吉田茂を源流とし、「保守本流」の系譜を継ぐ田中派は、どちらかといえば穏健保守であり外交・安全保障は実利中心、憲法は解釈の変更で処理、経済面では拡大路線、岸信介が生み出した福田派（現・細田派）はタカ派保守で、改憲を目指し、財政は緊縮型……、といった具合に。

「体育会」から「文科系サークル」へ

もう一つ、実はこれが最も重要な点だと思うのだが、確かに、かつての派閥は常に激しい権力闘争を繰り広げていた。時としてそれが過熱すると、党分裂の危機にまで発展することもあったし、金権腐敗の温床ともなったことは否定できない。だが、ちょっと視点を変えてみるとどうだろうか。存在を脅かされるライバルがいれば話は別だが、ライバル不在の組織にとって、内部の活性化、流動化は不可欠の要素である。

トップの下、一致結束というのは一見、正しいように見えて、実は危うい部分を内包している。イエスマンばかりが増えることもそうだし、トップが判断を間違えれば、組織全体が沈没してしまう危険もある。時として組織内には異論や対立があったほうがいい。言い過ぎかもしれないが権力闘争があったほうが、むしろ組織運営に緊張感を生み出すというメリットもあるのではないか。

「今は冷や飯を食わされても、いずれはトップの座が手に入るかもしれない」と思うからこそ、我慢もできるし、党運営に対し、堂々と異論を唱えることもできる。それが結果的にバランスの取れた組織の方向性を生み出すことにも繋がるという側面も否定できないだろう。内部にライバルが存在するから、あまり強引な運営はできなかったし、結果的に権力の行使についても、抑制的だったのではないか。

かつての派閥は抗争を繰り返してきた。一方で、その派閥間抗争が、実は自民党という組織の再活性化に大きく寄与してきたこともまた、否定できない。だが、今や自民党の派閥はかつての派閥とまったく異質のものとなっている。かつての派閥を「体育会」であり「戦闘集団」だとすれば、今の派閥は「文科系サークル」であり「羊の群れ」である。そして、その変質の理由の大半は「政治改革」にあると言っても過言ではない。

「カネと選挙とポスト」が、かつての派閥の構成要件だったわけだが、今やこのうちの二つは、ほぼ消え去ってしまった。なぜか？　政治改革という名の制度改変が行われたからだ。まず、「選挙」に関してだが、中選挙区時代、自民党は定数の過半数以上の同一選挙に必ず候補者を立てた。過半数を取らなければ政権与党の座を失うことになるから、これは当然だ。となれば各派はまず、自派の候補者を党の公認候補に押し込むことが必要になる。で、公認を取れれば、今度はその候補者に対し、物心両面で支援を行い、当選を目指すことになる。逆に言えば、いずれかの派閥に属さないと公認も取れず、当選もおぼつかなくなるわけだ。それが派閥の求心力、結束力となっていた。

　一方、小選挙区中心の現行制度になったことで、公認候補は各選挙区一人となった。その公認権は党が、つまりは党の実権を握っているものが持つことになった。そこに派閥の出る幕は、ないとは言わないが、極めて限定的なものになる。公認を得て選挙戦に入っても、党が前面に出た戦いとなるから、派閥より党に頼ることになる。

時の権力に逆らえば、若手はもちろん、党の幹部経験者であっても公認を外されるという先例を作ったのが郵政選挙での小泉だ。その恐怖感は自民党内に深い爪痕を残した。

次に「カネ」についてだが、「ザル法」とはいうものの、政治資金規正法の度重なる改正によって、派閥単位の資金集めは大幅に制限されることになった。今はせいぜい、パーティー収入ぐらいのもの。当然、所属議員への資金提供も細ってくる。一方、政党交付金制度が創設されたことによって、年間、約３２０億円の税金が、受け取りを拒否している共産党を除く各政党に交付されることになった。今や、どの政党も収入のかなりの部分はこの政党交付金である。

では、その交付金はどこに入るのか。言うまでもなく党に対してだ。となれば「カネ」の配分権も時の執行部、その執行部を牛耳《ぎゅうじ》っているものが握ることになる。３つの構成要件のうち、選挙とカネの二つがほぼ消えてしまったのが今の派閥。わずかに残っているのが「ポスト」である。そのポストについても小泉元総理の時代に「脱派閥人事」の名の下で、派閥の意向を無視した人事が行われるようになり、かつてのような派閥の「絶対的権限」とは言えない状況が生まれている。

構成要件の大半が消えた中で、未だに派閥が存続しているほうが不思議なくらいだ。因みに現在、自民党には▼**7つの派閥**があるが、このうち総裁・総理を目指すトップを抱えているのは石破派と岸田派のみである。もっとも政党も人間社会。かつて大平元総理が「人間、3人集まれば、二つの派閥ができる」と言ったように、集団の中では常に派閥が形成されるから、それも当然なのかもしれないが。

だが、構成要件を失った組織は、規律も失う。大して世話にもなっていない上司の言うことなど聞くはずもないから、派閥による教育など不可能だ。きちんとした教育を受けていない中で育ったものが「まとも」な政治家に育つのは難しい。「魔の3回生」などを見れば、それは明らかだろう。そんな中で長期的な視野に立った人材の育成など不可能に近い。

同時に、カネも選挙も党の執行部に牛耳られてしまえば、それに逆らうことはできなくなる。かつての派閥は主流派と反主流派が常に存在し、覇を競っていたわけだが、今や反主流派はほとんど存在することすら困難だ。党内の大半の派閥が大人しく従い、結果的に「安倍一強」を生み出していることを見れば、それは明らかだろう。

▼7つの派閥
細田派、麻生派、竹下派、岸田派、二階派、石破派、石原派

派閥の変質は党内の活力再活性化を阻害し、人材育成機能を失わせてしまった。「羊の群れ」のような集団の中からは多彩な人材は生まれない。異色、異能は排除される。当然、奇人、変人と紙一重のような「風圧政治家」が存在する余地もほとんどなくなってしまった。

小選挙区制が消し去った「風圧」

気づけば永田町から、「風圧」を感じる政治家がほとんど消えてしまった。小粒で個性のない政治家ばかりが目立つようになった。どうしてか？　その最大の、あるいは決定的な要因はやはり小選挙区制の導入にあると言わざるを得ない。

一つの選挙区から複数（概ね3〜5人）を選出する中選挙区制の時代、政権を獲得あるいは維持を狙う政党は、それぞれの選挙区で、定数の半分以上、例えば5人区なら3人以上の候補者を擁立しなければならなかった。野党第一党で、本来ならば政権を目指すはずの社会党が早々と政権獲得をあきらめ、ほとんどの選挙区で一人しか候補者を立てなくなった1960年代以降、それを実行していたのは自民党のみだった。

同じ自民党の候補である以上、基本的な政策面で個々の候補者にそれほどの違いはない。どこで違いを出すかといえば、やはり「サービス」の大小ということになる。その一つが地元への利益誘導だ。橋や道路、鉄道路線などの建設予算をどれだけ国から「分捕って」こられるかの競い合いである。また、有権者を「国会見学」という名の東京見物に連れ出したり、娯楽を交えた集会を開いたり、といったサービスも欠かせない。

そうしたサービス合戦を繰り広げるためにはカネがかかる。そのカネを調達するために、時には汚いカネにまで手を出すことになる。だから中選挙区制は変えなければいけない、というのが政治改革の、選挙制度改変の論理だった。確かにそれも一理ある。「政治とカネ」の問題がなくなったわけではないが、中選挙区制の時代に比べれば、政治とカネのスキャンダルが小粒になったのは事実だろう。

だが、選挙制度の改変によって、この国の政治、政界が失ってしまったものも少なくない。その最たるものが「風圧」だ。一部にサービス合戦があったことは否定できないが、中選挙区制は多彩な人材を生み出すシステムでもあった。その彼らこそが永田町をカラフルな世界に、ちょっぴり危険な香りを漂わせつつ、でもワクワクするような街並みを作り上げるキーマンたちだった。

例えば定数が5人の選挙区で自民党から3人が立候補、当選したとする。そのうち一人は世襲で、一人は地方議員出身か官僚からの転身だとして、残る一つの枠には、ある意味の奇人、変人が滑り込むことができたのである。ここでいう奇人、変人とは、例えば特定の政策のみに注力するものだったり、地元への利益誘導を一切せず、天下国家のことばかり考えているような政治家や、有権者の反対が強い政策でも、信念を持ち、堂々とその必要性を訴え続けるような政治家のことを指す。こういう奇人とも変人ともいえるような政治家が国会に議席を得ることができたのが中選挙区制だった。

なぜ、彼らが当選できたか。例えばこういうことだ。仮にその選挙区の有権者総数が50万人とする。投票率を60パーセントと仮定すると、有効投票数は30万票となる。これを定数の5で割ると6万票だが、立候補者の数は当然5以上だろうから、当選ラインはもっと下がる。おそらく5万票は切るだろう。ということは、有権者の1割弱の支持を集めれば当選できる計算になる。

有権者の中には様々な考えを持った人がいるだろうから、その中の1割程度は「あの候補者は天下国家ばかり論じているけど面白い」と思う人、「不利を承知で増税の必要性を訴えているあの候補者は信用できる」と考えたとしても不思議はない。彼らは確かに圧倒的な支持は得られないかもしれないが、逆に少数だが強固な支持を集めて当選することが可能になる、というわけだ。彼らの中には、党内で頭角を現し、知名度を上げることで、地元の選挙区でも盤石の支持基盤を作り上げていくものも少なくなかった。

　こうした奇人、変人こそが経験を重ねる中で、独特のムードを持った政治家に成長し、やがて「風圧」を身に纏う人物となっていった。多くはこうした奇人、変人が「風圧政治家」の主要供給源だったと言ってもいい。

　もちろん、一方でその逆もいる。例えば田中角栄がそれ。ひたすら地元への利益誘導を図る中で盤石の支持基盤を作り上げ、選挙での敗北を恐れることなく中央政界での熾烈な戦いにまい進した結果、「風圧」の政治家となったように。ただ、彼らに共通していたのは、どこかから吹いてくる風をあてにしたり、その風に器用に乗るのではなく、自らが風を起こす存在であり続けたことであり、逆風にも決して怯まない強固な意志ではなかったか。

　だが、今やこうした奇人、変人の出る幕はなくなってしまった。衆議院の選挙制度が小選挙区中心となったからだ。小選挙区制になったことで、当然、一政党から公認されて立候補できるのは一人だけ。基本的には大きな二つの政党の戦いが中心となるから、理論上は有効投票の51パーセントを獲得しなければ当選できないことになる。一部の熱烈な支持を集めただけではとても当選できない。

今、自民党では、以前にも増して世襲議員が増えつつある。安倍政権の主要閣僚の多くが世襲であり、逆に二階俊博や菅義偉といった「たたき上げ」が珍しがられること自体が、現状を物語っている。なぜか。小選挙区が現職議員の「領地」化してしまったからだ。小選挙区では当選者は一人だけ。現職議員がいわばその選挙区の「領主様」となる。その領主様が引退したり死去したりしたら、「では若様に領地を守っていただこう」となるわけだ。

一方、世襲以外の候補者はまんべんなく、当たり障りのない主張をするか、所属政党の支持組織や後援会に頼るか、党首の人気にすがる以外に当選の道はない。これに加味された比例代表制に至っては、当落のカギのほぼすべては、所属政党に対する支持が握っている。頼まれて名前を貸しただけなのに、気がついたら当選し、国会議員のバッジをつけていたといった例さえ少なくない。

僕自身、民主党の事務局長時代、こんな経験をした。ある選挙で、どうしても候補者が見つからない選挙区があった。誰かを立てなければ、その選挙区での比例票も掘り起こせない。考えあぐねている時、ふと職員名簿を眺める中で、その選挙区出身の若手スタッフが目についた。党幹部の了承を得た上で彼を呼び、「ここから立候補してくれ。もちろん、当選は見込めないから、自分の名前など連呼しなくていい。ひたすら民主党を売り込んでくれ。選挙後の職場は確保しておくから長期出張のつもりで行ってこい」と送り出した。ところが何の間違いか、なんと彼が比例復活で当選してしまったのである。国会議員になるための準備も心構えもない人間を当選させてしまったことについては、今も申し訳なく思っている。そんな制度の中で、奇人や変人が生き残れるはずもない。

一方の有権者も、小選挙区制のもとで、候補者個人の評価よりも、所属政党やその政党の党首を支持するかどうかを重視した投票行動を強めている。実はその点も、この制度の抱える問題点と言ってもいい。有権者が個々の候補者を見て支持、不支持を決めるのではなく、その時のムードや政党の人気、期待度で投票する傾向が強まったことで、議席の増減の振れ幅が極大化することになった。

２００５年のいわゆる郵政選挙では「小泉劇場」が有権者に大受けした結果、自民党は２９６議席と大勝、２００９年には民主党ブームが巻き起こり、３０８議席の圧勝で政権の座に就いた。さらに２０１２年の総選挙では、その民主党政権への失望から安倍・自民党が２９４議席と大復活……。その時のムードで選挙結果が大きく振れるという状況は、長い目で見ると政治を不安定化させる可能性が高い。安倍政権は長期化しているが、いつ、何が原因で大きな地殻変動が起きないとも限らない。

　選挙制度に「最善」はない。理想の選挙制度など望むこと自体が夢物語ではないか。どんな制度にしたところで、必ずどこかに弊害が伴う。単に小選挙区制を廃止し、中選挙区制に戻せばいいというものでもない。だが、少なくとも妥協に次ぐ妥協の中から生まれた現行の小選挙区比例代表並立制という中途半端で歪な制度は、変えていく必要がある。とはいえ、政治家に任せている限り、それは不可能に近いのではないか。今の政治家に自らの政治生命を賭して変革を目指せ、と言ってもそんなエネルギーを持ったものを見いだすのは不可能に近い。なぜなら今の永田町には「風圧」を感じる政治家がほとんどいないから。

　主要な供給源だった奇人、変人が去った永田町から、「風圧」を感じる政治家がほとんど姿を消したのも当然だろう。彼らが存在していたからこそ、永田町の空気が攪拌され、街の風景に彩りと変化を生み出していた。彼らの大半が去った政界、永田町には、強風どころかそよ風さえも吹かなくなってしまった。今、永田町にはどんよりと淀《よど》んだ空気が漂うばかりである。

あとがき

この本はラジオから生まれた。もう10年以上、文化放送の「くにまるジャパン極《きわみ》」という番組で毎週木曜日の朝、９時から約30分のコーナーを持たせてもらっている。毎回のテーマは自分で考え、自由にしゃべらせてもらえるという、僕にとってはうれしい番組だ。こんなことを言うとテレビの関係者からはお叱りを受けるかもしれないし、僕自身の勝手な思い込みかもしれないが、テレビと比べると、ラジオはより自由度が高く、思っていることを率直に話せるような気がする。

ただ、ラジオには怖さもある。なぜならリスナーの皆さんが「聞いて」くれているからだ。これって、当たり前のようだが、実はそうじゃない。テレビの場合、視聴者は聞くと同時に見ているから、誤解を恐れずに言うと、聞いているのはラジオの半分くらいではないだろうか。でも、ラジオは１００パーセント、聞いてくれている。だから、反応が敏感に伝わってくる。適当なことは言えないし、いい加減なデータを使えば、直ちにリスナーの皆さんから「注意」が入る。以前、ある大物政治家ＯＢの名前を、正式な訓読みではなく、言いなれた音読みでしゃべったら、数分後にはリスナーさんから訂正が入ったこともある。もちろん、それが楽しみでもあるのだが。

さて、自分でテーマが決められる、ということは言いたいことが言えるわけで、初めはその環境を楽しんでいたものの、10年以上もやっていると、だんだんとテーマを探すのが〝しんどく〟なってくる。僕は政治が専門だから、政治、政界が動いている時はいくらでも話すテーマが浮かんでくるが、逆に「凪《なぎ》状態」が長く続くと、なかなかネタが見つからず前々日（火曜日）くらいから、「さて、今週は何を話そうか」と悩み始めることもしばしばだ。

で、そんな悩みを抱えている時、苦し紛《まぎ》れに思いついたのがこの本のテーマである「風圧」だった。まがりなりにも数十年、政治の世界に身を置いてきただけに、その間、様々な政治家と接してきた。敵もいれば味方もいた。裏切ったことはないが、裏切られたことは数知れず……。その中でいつの間にか僕の中での政治家の評価基準として定着していたのが、「風圧」を感じるかどうかだったことを思い出した。「このテーマなら番組で2〜3回はいけるな」という〝スケベ心〟からスタートしたのが、「僕が風圧を感じた政治家たち」という企画だった。事実、途中で他のテーマを挟みながら、3回にわたって話している。

ところが、そこに思わぬ展開が待ち受けていた。本書の発行元である光文社に、なんと「くにまるジャパン極」のヘビー・リスナーがいたのである。何を思ったかその人は「風圧の政治家たちをまとめて本にしよう」と思い立ったらしい。何度かのやり取りの後、物ぐさ者の僕が、

「やってみようか」という心境に至り、それが今、こうして一冊に仕上がったというわけだ。

　書きながら思ったことはいろいろある。登場してもらった政治家の大半はすでに引退、もしくは鬼籍《きせき》に入った人たちばかり。つまり、気づけば今の政界には僕が風圧を感じるような政治家がほとんど消えてしまったんだな、という思い。勝手に「風圧」という言葉を使っていたが、考えてみると、この言葉の意味を説明するのはとても難しいなと、改めて感じたこと……。まあ、拙著に目を通してくださった人が、それなりに解釈してもらえばいいのかもしれない。

　最後に、「くにまるジャパン極」のヘビー・リスナーであり、物好きにも執筆を依頼してくれた光文社・ノンフィクション編集部の三野知里氏と最終的な取りまとめを引き受けてくれた同編集長の森岡純一氏に感謝したい。おかげで苦しくも楽しい約半年間を過ごすことができた。

伊藤 惇夫（いとう あつお）

1948年、神奈川県生まれ。学習院大学法学部卒。約20年にわたり自民党本部に勤務後、太陽党、民政党、民主党各党の事務局長などを歴任。2001年に退任して以降は、政治アナリストとして書籍の執筆や報道番組への出演、ラジオ番組のレギュラー出演など、幅広いメディアで活躍している。『国家漂流』（中央公論新社）、『情報を見抜く思考法』（ビジネス社）、『政党崩壊』（新潮新書）、『永田町「悪魔の辞典」』（文春新書）、『永田町の回転ずしはなぜ二度回らないのか』（小学館）など著書多数。

消《き》えた「風圧《ふうあつ》」

絶滅《ぜつめつ》危惧《きぐ》政治家《せいじか》図鑑《ずかん》

2020年1月30日　初版1刷発行

著　者　伊藤惇夫
発行者　田邉浩司
発行所　株式会社 光文社

〒112-8011　東京都文京区音羽1-16-6
電話　編集部 03-5395-8172　書籍販売部 03-5395-8116　業務部 03-5395-8125
メール　non@kobunsha.com
落丁本・乱丁本は業務部へご連絡くだされば、お取り替えいたします。

組　版　萩原印刷
印刷所　萩原印刷
製本所　榎本製本

ISBN978-4-334-95135-1